O melhor da vida a dois

Mark O'Connell, PhD

O melhor da vida a dois

Tradução
Alda Porto

Título original: *The marriage benefit*
Copyright © 2008 by Mark O'Connell

"This edition published by arrangement with Grand Central Publishing, New York, USA. All rights reserved"

Todos os direitos reservados. Nenhuma parte desta obra pode ser reproduzida ou transmitida por qualquer forma ou meio eletrônico ou mecânico, inclusive fotocópia, gravação ou sistema de armazenagem e recuperação de informação, sem a permissão escrita do editor.

Direção editorial
Soraia Luana Reis

Editora
Luciana Paixão

Editora assistente
Valéria Sanalios

Assistência editorial
Elisa Martins

Revisão
Lílian do Amaral Vieira
Ricardo Jensen de Oliveira

Criação e produção gráfica
Thiago Sousa

Assistente de criação
Marcos Gubiotti

CIP-Brasil. Catalogação-na-fonte
Sindicato Nacional dos Editores de Livros, RJ

O18m   O'Connell, Mark, 1954-
           O melhor da vida a dois / Mark O'Connell; tradução Alda Porto. -
      São Paulo: Prumo, 2008.

          Tradução de: The marriage benefit

          ISBN 978-85-61618-28-5

          1. Casamento. 2. Compromisso (Psicologia). 3. Relações homem-
      mulher. I. Título.

                                                   CDD: 646.78
08-2710.   CDU: 392.3

Direitos de edição para o Brasil:
Editora Prumo Ltda.
Rua Júlio Diniz, 56 - 5º andar – São Paulo/SP – Cep: 04547-090
Tel: (11) 3729-0244 - Fax: (11) 3045-4100
E-mail: contato@editoraprumo.com.br / www.editoraprumo.com.br

Para Allison

Sumário

Introdução Crescer juntos: desafios e relacionamentos da meia-idade 9

PRIMEIRA PARTE

NECESSIDADES PARTILHADAS

Capítulo 1 Adotar uma visão duradoura do amor 33

Capítulo 2 Comemorar as diferenças 57

Capítulo 3 Fazer sexo de verdade 81

Capítulo 4 Encontrar a liberdade pelo compromisso 103

SEGUNDA PARTE

ESCOLHAS PARTILHADAS

Capítulo 5 Acreditar em algo mais importante que vocês mesmos 129

Capítulo 6 Abandonar hábitos e vícios 149

Capítulo 7 Perdoar e agradecer 171

Capítulo 8 Brincar 187

Conclusão Tornar-se pleno juntos: "Eu existo porque nós existimos" ... 209

Notas 221

Agradecimentos 239

INTRODUÇÃO

CRESCER JUNTOS:
DESAFIOS E RELACIONAMENTOS
DA MEIA-IDADE

Este é um livro sobre casamento, mas não do tipo "como tornar melhor seu casamento" que costumamos esperar. Trata-se de um livro sobre como expandir os limites do que imaginamos possível para transformar os relacionamentos íntimos em admiráveis oportunidades de crescimento e mudança. Como nossos relacionamentos podem nos tornar melhores.

É também um livro que oferece uma resposta radical e contemporânea a uma pergunta milenar. Por que continuar casado? Porque os relacionamentos de longo prazo podem, em sua melhor forma possível, ajudar-nos a navegar na exasperante e inexorável passagem do tempo. Também podem nos ensinar a encontrar objetivo e sentido mesmo diante dos mais inalteráveis limites da vida, tornando o amadurecimento uma experiência de engrandecimento e não de imobilidade.

Um programa a dois

Philip e Marie deslizaram para os assentos vazios, uma raridade na hora do *rush*, do metrô da Lexington Avenue. Em geral, os dois se encontravam no apartamento do casal, no bairro residencial da cidade, muitas vezes bem tarde, agora que Drew fora para a faculdade e Kaetlin passava a maioria das noites com as amigas do ensino médio. Mas na noite anterior Philip propusera jantar fora no Village, num novo restaurante cuja resenha lera no *Times*.

Marie alegrara-se com a sugestão do marido. Tudo corria muito bem entre eles; Philip era amável e justo, e ela não duvidava de que se amavam. Mas vinham conversando cada vez menos um com o outro ao longo dos últimos anos, e quando o faziam era quase sempre sobre algum assunto relacionado ao casamento — dinheiro, filhos, compromissos sociais, e assim por diante.

Quando o trem ganhou velocidade, ao partir da estação da rua Cinqüenta e Nove rumo ao centro da cidade, Philip deu uma olhada na mulher e viu o breve sorriso de retribuição. Queria conversar com ela, sabia que podia iniciar uma conversa sobre a discussão da véspera com a filha Kaetlin, mas queria outra coisa, e não conseguia encontrar a abertura. Na intimidade entre os dois, ela de algum modo parecia-lhe ter-se tornado mais desconhecida.

Marie notara o olhar de Philip e queria aproveitar a presença momentânea do marido. Quando conseguiu pensar numa coisa para dizer, ele já abrira a maleta de documentos e retirara uma daquelas pastas de papel manilha que sempre parecia ocupar o espaço conjugal. Ela também abrira a pasta, embora evitasse as informações e atestados para os catálogos dos cursos da faculdade onde Kaetlin ingressaria e para a qual partiria no outono seguinte.

O metrô saiu da Union Square e rumou em direção a Bleecker. Em lugar da previsível enxurrada de pessoas de meia-idade que saíam dos escritórios no centro da cidade, o vagão agora se enchia de gente jovem – garotada vestida de preto, exibindo montes de *piercings* – e com isso o silêncio transformou-se em risos e conversas altas.

Uma mulher de vinte e poucos anos atraiu a atenção de Philip. Não é bem o que se pode descrever como linda, ele pensou, notando que deixara de sentir-se intimidado pelo poder que as mulheres exerciam sobre ele, observando-a como uma espécie de avaliação clínica, controladora. Ainda assim, a menina tinha alguma coisa: a suavidade da pele, a graciosidade do corpo. Porém é mais que a aparência dela, pensou, o sexo continua sendo sua moeda corrente. Marie ainda era linda para ele, mas, desde que os filhos haviam nascido, vestia-se para ser levada a sério, não para ser sexy.

Marie notou o interesse de Philip pela moça. Sempre notava quando ele as olhava e sempre tinha vontade de perguntar: "Vai ter fantasias com ela?", "Deseja que eu seja assim?". Não temia as respostas a essas perguntas, apenas queria saber. Quando eram mais jovens, conversavam sobre tudo, mas de algum modo, com o passar dos anos, grande parte do que pensavam parecia estar fora de cogitação.

Philip vira Marie notar a olhada. Saberia que o fato de ele olhar moças não tinha muito a ver com sexo, mas com outra coisa — um tempo passado de que sentia saudade, seria uma parte de si mesmo que teria perdido? Queria conversar com a esposa sobre essas coisas, mas alguma coisa o bloqueava, constrangimento talvez, e por baixo uma tristeza da qual precisava afastar-se.

Agora Marie olhava a moça. Lembrava-se de quando era magra assim, vinte e cinco anos e dois filhos atrás. Sentia falta da sensação de estar viva em seu corpo, de acordar e girar as pernas estendidas fora da cama, pousando de leve os pés no chão. O pior era que o engrossamento do corpo parecia ter sido acompanhado por um espessamento da mente. Via a garota encarar os companheiros, sentindo tanto prazer no emergente poder de sua juventude quanto em companhia dos amigos, e lembrava-se de quando se sentia irônica e intensa, quando olhava a vida daqueles ângulos meios excêntricos. Queria dizer a Philip tudo isso, mas temia que ele a visse até mais velha e menos atraente do que na certa já a julgava.

A placa da rua Spring surgiu pela janela do trem, e Philip e Marie se levantaram. Em pé ali juntos, trocaram um rápido sorriso quando ele tocou-lhe o ombro, conduzindo-a gentilmente rumo à porta.

ESTAMOS FICANDO MAIS VELHOS, MAS ESTAMOS AMADURECENDO?

Uma geração nascida no pós-guerra, período de alta natalidade nos EUA (entre 1946 e 1964), chegou à meia-idade. A maioria de nós fez as escolhas que definem a vida – trabalhos, cônjuges e até, num nível mais profundo, perspectivas e filosofias – que se tornaram o material de nossas vidas. Se trabalhamos muito, fomos sensatos em nossas decisões e, talvez mais que gostaríamos de admitir, abençoados com um pouco de simples boa sorte, nossas vidas guardam muitas recompensas e satisfações.

Também tomamos, porém, intensa consciência dos caminhos que não escolhemos, dos custos que acompanham até as escolhas mais recompensadoras. Todas essas opções, que antes pareciam oportunidades de expansão de vida, agora parecem, com mais freqüência do que gostaríamos, obrigações que restringem a vida. Onde antes pensávamos em termos do que poderia ser, agora nos vemos diante de lembretes diários do que na certa não será. E onde antes imaginávamos um futuro ilimitado, agora fazemos as perguntas suscitadas pela consciência de que o tempo é finito: O que devemos nós admitir como inalcançável? O que lembraremos como tendo realmente sido importante? E qual será a mais recompensadora e significativa forma de passar o precioso tempo que ainda nos resta com esperanças não insignificantes?

Ao longo dos próximos vinte ou trinta anos, nós, a geração que hoje está na faixa dos cinqüenta anos, vamos precisar responder a essas perguntas. São, contudo, perguntas que nossa geração está singularmente mal equipada para tratar. Produtos de uma cultura em que "podemos ter tudo isso e se não pudermos alguém deve ser culpado", agarramo-nos com força à nossa adolescência já estendida em excesso. Imaginamos que todas as satisfações são possíveis, que todas as perdas são evitáveis e que todas as restrições são negociáveis. Em conseqüência, passamos pelas dificuldades e complexidades da vida como inconveniências desnecessárias em vez de torná-las como aspectos que definem e criam o sentido de ser humanos.

Resultado? Talvez mais que qualquer geração anterior, vamos enfrentar o inevitável ajuste de contas com a realidade que chega com a meia-idade e a velhice. Falando sem rodeios, corremos o risco de nos tornar a primeira geração a morrer antes de amadurecer de fato.

Por sorte, existe ajuda. Ajuda poderosa. Nas páginas que se seguem, afirmo que os relacionamentos íntimos de longa duração nos ajudam a amadurecer, ou, dito de outra forma, nos ajudam a viver com plenitude e criatividade, mesmo quando as esperanças e expectativas pessoais enfrentam as imutáveis realidades que chegam com os anos avançados. Muito melhor, ajudam-nos com os desafios essenciais da meia-idade, proporcionando-nos ao mesmo tempo alegria, permitindo-nos momentos de inesperada diversão e leveza e nos ajudando a nos tornar nosso melhor eu.

Claro que coisas tão boas assim raras vezes são fáceis ou de graça. Existe também uma dura verdade à espreita em todas essas boas-novas. Para começar, os relacionamentos mútuos, como os eus individuais, enfrentam uma série de problemas de meia-idade:

- Lidamos com a perda e o rompimento do convívio com os filhos que saem de casa.

- Começamos a nos envolver na opressiva tarefa de computar as perdas e decepções; na vida, no trabalho e, claro, no casamento.

- Tentamos, muitas vezes sem sucesso, evitar a sedução da infidelidade, uma sedução que nos acena não apenas como uma alternativa para o tédio e a decepção, mas também como um bálsamo para a crescente sensação de diminuição.

- Lutamos para restabelecer o envolvimento um com o outro depois de passarmos anos concentrando-nos no trabalho e nos filhos.

- Lidamos com as situações, muitas vezes, excruciantes e difíceis dos problemas médicos e de saúde.

- Combatemos a legião de hábitos e vícios que usamos para mitigar a ansiedade, a depressão e o tédio.

- E esperamos encontrar um ao outro sexualmente, embora a libido seja reduzida por motivos biológicos e psicológicos.

Se tudo isso já não fosse bastante assustador, temos de enfrentar esses desafios numa sociedade que nos incentiva a achar que nossos mais ensandecidos desejos e expectativas se transformem em perfeitas realidades diárias. Uma sociedade que nos diz que a culpa é de alguém ou algo, quando a vida nos proporciona qualquer coisa, menos um romance duradouro, um parceiro de estonteante atração, sexo formidável, filhos excepcionais, saúde impecável e discordâncias de fácil solução. Temos de nos conformar com as coisas como de fato são, mesmo quando tendemos cada vez mais a acreditar que nos deviam dar "códigos e truques especiais" com superpoderes, sempre que o jogo da vida não segue em nosso favor.

Se nós, da geração nascida no pós-guerra, estamos mal equipados para envelhecer bem, estamos ainda pior equipados para envelhecer bem juntos.

JASON E LESLIE PHILLIPS:
"O AMOR NÃO TINHA DE SER TÃO DIFÍCIL ASSIM"

Em todas estas páginas, vou ilustrar minhas idéias com histórias minuciosas sobre relacionamentos de longo prazo. Alguns dos casais que descrevo vêm direto de minha clínica, embora disfarçados com todo o cuidado. Alguns deles leram o que escrevi e fizeram correções quando acharam que os retratei de forma incorreta. Outros são de concepção mais livre, com base em combinações de anos de consultório.

Ao ler estas histórias, por favor, tenha sempre em mente: não se trata de um livro de terapia; ao contrário, é um livro sobre o potencial criativo, reparador e transformador da intimidade prolongada. A terapia com certeza pode ser um catalisador útil, mas, quando se refere ao crescimento e à mudança, um relacionamento confiante de longo prazo é no mínimo igual a ela. (Pesquisas atuais sugerem que o relacionamento é o mais importante fator no resultado terapêutico.) Nestas páginas, a terapia destina-se apenas a ser uma lente privilegiada, que permite o acesso exclusivo à vida íntima de algumas pessoas admiráveis. Se você não perder de vista essa perspectiva, estará a meio caminho da mensagem central e essencial deste livro: temos o poder de nos transformar, muitas vezes de forma surpreendente e importante. E nos transformamos melhor quando deixamos que alguém de quem somos muito íntimos nos transforme.

Por fim, como se trata de um livro sobre como são os relacionamentos na melhor forma possível, as histórias que eu conto retratam alguns dos mais criativos e engenhosos casais que conheci em mais de vinte e cinco anos de clínica. Por favor, não se intimide. Se nos dispomos a fazer o difícil trabalho de estabelecer relacionamentos amorosos e confiantes, e depois nos apoiamos de bom grado nesse amor e confiança para ser abertos e sinceros um com o outro, todos podemos mudar, mesmo nos aspectos em que nos sentimos mais machucados e, em conseqüência, mais imutáveis.

Agora me permita apresentar o primeiro dos vários casais que povoam este livro. Jason e Leslie Phillips nos mostram alguma coisa sobre os problemas do envelhecimento, e do envelhecer juntos. Também nos mostram como podemos transformar esses mesmos problemas em admiráveis oportunidades para superar, na verdade crescer, com os desafios fundamentais da meia-idade.

À primeira vista, Jason e Leslie pareciam formar uma boa combinação. Os dois eram mais para baixos, um tanto gordos, e davam a impressão de compartilhar certa suavidade – tanto nas feições quanto no comportamento. Usavam roupas de excelente qualidade sem serem de óbvia última moda, e notei que haviam chegado ao consultório, em minha própria residência, numa Mercedes.

Quando perguntei como poderia ajudar, Jason e Leslie entreolharam-se, cautelosos. Ele tomou a iniciativa.

– Estamos casados há vinte e três anos – observou, o tom incisivamente factual. – Éramos realmente apaixonados um pelo outro no início, pelo menos acho que sim, a sensação é de que foi muito tempo atrás. Então vieram os filhos, e... bem, você sabe o que acontece. Já são quase adultos agora... nossa filha já mora fora, na faculdade, e nosso filho vai começar no ano que vem. Não temos nenhuma grande briga nem coisa que o valha, só parece que nos afastamos um do outro...

– Não temos grandes brigas? – Leslie disparou um olhar furioso para Jason, a voz transbordando de raiva e ressentimento. – Não estamos tendo uma briga bem grande agora?

– Eu já ia chegar lá – ele respondeu, o tom factual persistindo diante da fúria da esposa. – Ela se refere ao fato de que andei envolvido com outra mulher.

A história era de dolorosa familiaridade. Ao longo de vários meses anteriores, Leslie passara a desconfiar da inexplicável vivacidade do ânimo de Jason, o cuidado intensificado que tinha com a aparência e a forma como a já mínima vida sexual dos dois se tornara inexistente. Virou detetive, reunindo as provas de números no celular de Jason, os cartões românticos encontrados em sua mesa de trabalho, que ele nunca lhe destinara, e as despesas incomuns no cartão de crédito. O marido, tão logo confrontado, confessou. Envolvera-se com uma assistente mais jovem em sua agência de publicidade.

Meu trabalho, durante nossas primeiras sessões, foi tentar limitar os danos e, assim que as coisas se acalmassem, ajudar o casal a ver o que ainda era possível salvar. Para começar, isso significou salientar que Jason e Leslie vinham tratando do problema de todos os modos errados.

Ele estava disposto a romper a aventura amorosa, mas não o relacionamento.

— Ela me entende de um jeito que Leslie jamais conseguiu — disse Jason, embora eu o visse retrair-se pela maneira estereotipada como soaram as palavras.

Leslie lançou-se de volta no relacionamento sexual com o marido, na esperança de que, dando-lhe a excitação evocativa dos primeiros dias juntos, ela conseguisse salvar o casamento.

Embora ele reconhecesse apenas da boca para fora a responsabilidade por ter uma aventura, culpava a esposa pela frieza e pelo distanciamento do casamento e não entendia que ele fora do mesmo modo responsável por deixar as coisas ficarem insípidas.

De forma semelhante, Leslie não via sua contribuição para as dificuldades conjugais. Às vezes era uma crítica contundente e nos últimos anos adquirira o hábito de refugiar-se em quatro ou cinco taças de vinho toda noite.

Tanto ele quanto ela haviam conspirado para dirigir anos de distanciamento, decepção e ressentimento cada vez maiores. Cada parceiro culpava o outro, e nenhum dos dois conversava sobre a própria responsabilidade pela situação.

Foram necessárias algumas sessões para estabelecer certas regras básicas. Antes de tudo, eles estariam dispostos a consertar a situação? Leslie logo indicou que sim. Jason, após uma pausa momentânea, acrescentou:

— Por isso estamos aqui.

E a convicção dele me surpreendeu.

Bem, observei, cada um terá de fazer algumas coisas.

Jason ia precisar romper de vez todo o relacionamento com a mulher que vinha vendo; enquanto pudesse retornar a ela sempre que as coisas ficassem difíceis com Leslie, se sentiria menos inclinado a comprometer-se com o tipo de trabalho que seria necessário.

Leslie teria de parar de beber; o álcool permitia-lhe distanciar-se dos sentimentos sobre os quais ela precisava conversar com Jason.

Ele precisava examinar a fundo a idéia de que o problema tinha a ver com a falta de excitação e romance: essa crença os conduziria para longe da construção do alicerce de que necessitavam para consertar tudo.

E ela precisava parar de tentar satisfazer o marido proporcionando essa excitação.

— Desconfio que, pelo menos neste momento, vocês precisam acreditar muito mais em conversas dolorosas do que em sexo fantástico — eu lhes disse. — E trabalhar na forma de entabular essas conversas. Têm de encontrar uma maneira de substituir toda essa culpa e atitude defensiva pela disposição de se abrirem ao que sentem, ao que querem, a quem de fato são.

Jason mostrou-se cético em relação a esse plano.

— Tudo isso parece um trabalho muito difícil — disse. — Não que eu não possa trabalhar com afinco, fiz isso a vida toda. Mas estou cansado. Casamento, criar filhos, meu trabalho. Cadê a diversão? Não espero que seja como quando nos conhecemos, mas preciso que haja um pouco mais de ânimo e compreensão.

— Compreensão? — interrompeu-o Leslie, destilando desprezo na voz. — É por isso que você fica olhando as fotos de celebridades em biquínis enquanto esperamos na fila do supermercado, por isso que acompanha com os olhos toda coisinha jovem que passa na sua frente? Para se sentir mais compreendido?

Pensei em interferir. Leslie tinha o direito de estar furiosa, mas continuávamos tentando estabelecer uma estrutura na qual o casal pudesse conversar tudo sem que as coisas degringolassem para culpa e recriminação. Fiquei muito surpreso, contudo, ao ver Jason amenizá-las com algumas palavras desanimadas, mas sinceras.

– Ando tendo dificuldade para ser apenas mais um cara de meia-idade ao qual nenhuma mulher nem sequer olharia duas vezes – disse. – Não suporto a idéia de que a minha vida não seja nem um pouco especial, certo? Mas qual, exatamente, é o sentido de todo esse árduo trabalho? Parece apenas... não sei... que o amor não devia ter de ser tão difícil assim.

POR QUE CONTINUAR CASADO?

De Philip e Marie a Jason e Leslie, de quase todos os bons relacionamentos em luta com o peso acumulado do compromisso que ocorre quando dois seres precisam encontrar espaço para respirar num ambiente onde muitas vezes só parece haver lugar para apenas um, aos relacionamentos dilacerados por rancor, lamentação, ressentimento e decepção, aplica-se o mesmo conselho: conheçam-se a si mesmos. Reconheçam e respeitem as diferenças. Conversem um com o outro. Sejam respeitosos. Reforcem os aspectos positivos e minimizem os negativos. Não culpem. Sejam honestos um com o outro. Vejam as coisas da perspectiva um do outro. Não julguem. Como psicólogo que tem ajudado muitos casais nos relacionamentos, sei por experiência própria que a aplicação desse conselho tornará melhor o relacionamento.

Parece bom, mas agora lancemos uma distorção nas idéias: basta tornar nossas relações melhores? Quanto a isso, será mesmo suficiente uma "boa" relação, sobretudo hoje, quando os avanços na tecnologia de fertilidade vêm mudando as atitudes sobre a paternidade única, modificando as consciências morais, e considerando outras alterações em nossa paisagem social e econômica que proporcionaram alternativas viáveis para o casamento tradicional? E se não mais bastar apenas tornar "melhor" o relacionamento de casais?

Se o casamento não passar de um estorvo, um remanescente residual de outra época e outra convenção, melhor faríamos suscitando uma questão que raras vezes, se alguma, levantamos: por que continuar casado? Ora, claro que fazemos essa pergunta, mas em geral a fazemos no espírito de um exercício retórico em que já supomos a resposta, ou então a fazemos em momentos de frustração e desespero, lamentando o fato de precisarmos escolher entre a cruz de continuar num casamento abominável e a caldeirinha do divórcio. Raras vezes nos perguntamos de fato por que continuamos casados. Raras vezes entramos de mente aberta numa exploração com a intenção de encontrar um motivo importante, e não convencional, para todo sacrifício e concessão exigidos a fim de fazer um relacionamento íntimo durar.

A verdade é que se trata de um momento maravilhoso para perguntar-nos por que nos casamos e continuamos casados. É um momento maravilhoso, porque, para essa geração nascida no período pós-guerra, nesse estágio da vida e neste momento no tempo cultural, há uma resposta relevante e contemporânea. A resposta – que nossos relacionamentos íntimos de longo prazo podem nos mudar e nos transformar em pessoas melhores – não é, o que poderia parecer na primeira impressão, uma racionalização em causa própria. Não é apenas outra forma de perguntar: "O que eu ganho com isso, de qualquer modo?" Na verdade, acontece o contrário: quando muito bons, os relacionamentos íntimos são cadinhos de aprimoramento da vida em que aprendemos a trocar nossos valores adolescentes, às vezes egoístas, por outros mais reais e duradouros, que incluem:

- **Conhecermos a nós mesmos:** fazer parte de um relacionamento de longa duração é a melhor maneira de nos conhecermos em maior profundidade.

- **Manter vivas as lembranças:** partilhar uma história com alguém que amamos nos ajuda a lembrar.

- **Envelhecer com criatividade:** um relacionamento íntimo pode tornar o envelhecimento um tempo de possibilidade de crescimento, ao contrário de diminuição.

- **Ser mais generoso:** os relacionamentos íntimos, às vezes, nos ajudam a tornar nosso eu melhor e menos egoísta.

- **Aceitar a si mesmo:** a intimidade duradoura nos ensina mais a apreciar que a negar nossa falibilidade humana.

- **Crescimento contínuo:** os parceiros íntimos ensinam um ao outro a alcançar a inexorável renegociação do eu que é a característica inconfundível de vitalidade, mudança e crescimento.

- **Encontrar a liberdade pelas limitações:** o caminho mais direto para a liberdade é permanecer fiel aos nossos compromissos.

- **Amor mais profundo:** o amor pode melhorar com o passar do tempo, e amar realmente alguém é a coisa mais importante que fazemos na vida.

- **Recolher as recompensas de nosso investimento sentimental:** existe um filão principal de inexploradas possibilidades na vida que já temos.

A avaliação da medida em que os relacionamentos íntimos podem nos trazer esses benefícios ajudará a todos nós.

Ajudará àqueles que se acham envolvidos em relacionamentos caracterizados por distância, rancor, danos e desconfiança. Um dos motivos do índice de baixo sucesso na maioria das terapias conjugais é que, embora conheçamos as nuanças do que fazer para melhorar as coisas, não sabemos por que estamos fazendo todo esse árduo trabalho, para início de conversa. Ter senso de propósito nos permite realizar com mais facilidade as dolorosas mudanças necessárias.

Também ajudará àqueles que já têm bons relacionamentos. Sem senso de relevância e objetivo, mesmo os "bons" relacionamentos não passam de uma fração do que poderiam ser. A compreensão de que os relacionamentos podem ser poderosos foros de crescimento pessoal e de verdadeira mudança tornam até os melhores ainda melhores.

E ajuda a todos nós da geração do pós-guerra; os que têm bons relacionamentos, os que têm insatisfatórios e todos os que se incluem no meio. Ajuda-nos porque um relacionamento amoroso duradouro nos habilita a enfrentar o característico desafio do envelhecimento: o de enfrentar as arestas mais ásperas e intransponíveis da realidade – do tempo, do envelhecimento e da perda – apenas com a mistura certa de realismo, vitalidade e esperança.

"Não é perfeito, mas é real"

Três anos depois do nosso primeiro encontro, Jason, Leslie e eu continuávamos nos falando toda semana. Foi um tempo difícil. Um ano depois de iniciarmos, diagnosticaram um câncer ovariano em Leslie. Removeram-se seus ovários, e ela se submetera a vários meses de radioterapia. As mudanças metabólicas relacionadas à menopausa que se seguiram causaram-lhe um significativo ganho de peso, e só há pouco aprendeu a conviver com o torturante terror de uma recorrência. Apesar dessas provações, porém, ou talvez até em parte por causa delas, Jason e Leslie amadureceram.

Ela era capaz de ouvir que partilhava a responsabilidade pelas dificuldades do casal. Deixou a bebida e tornou-se melhor nas conversas com ele sem recorrer à cortante negatividade por trás da qual, muitas vezes, se escondia.

– Eu não via o que eu tinha – acabou nos dizendo. – Via apenas o que não tinha, e considerava Jason responsável por tudo que não era da forma como eu julgava que devia ser.

Também ele encontrara o caminho de volta ao melhor que perdera ao longo dos anos. Logo após o início de nossos encontros, terminara o relacionamento extraconjugal e, desde então, permanecera fiel a Leslie. Fora amável e encorajador durante toda a doença da esposa. Também entrara em terapia individual, o que o ajudara a ver como a aventura amorosa fora um esforço para reprimir o sentimento de que "não passava de um cara de meia-idade... para o qual nenhuma mulher jamais olharia duas vezes".

O que os dois tinham não era mágico – ainda discutiam com freqüência, e não com tanta freqüência faziam amor, e sem dúvida não havia lá grande romance entre eles. No entanto, as brigas se caracterizavam menos por culpa e recriminação e, na maioria das vezes, levavam a um melhor entendimento. O fato de até mesmo fazerem amor era uma melhora, além de ser muito importante para Jason e Leslie haverem restabelecido uma vida entre os dois corpos. Quanto ao romance, bem, como descreveu Leslie:

– Veja, não somos bem um casal "quente", mas aprendemos a cuidar melhor um do outro. O fato de Jason querer me tocar até mesmo quando eu estava doente, quando eu nem me sentia muito humana... isso significou o mundo para mim.

Assim, tudo estava melhor. Não era uma coisa de abalar a terra, fantástica, porém melhor. Como disse Jason:

– Eu jamais achei que poderia ser feliz com um relacionamento assim, mas sou. Bem, talvez feliz seja a palavra errada. Talvez seja uma coisa mais do tipo satisfeito, alguns dias até contente. Não é perfeito, mas é real.

"Não é perfeito, mas é real." Eis, numa simples frase, a essência do que nossa geração com tanta freqüência deixa de compreender. E, como sempre valorizamos o brilho sedutor da perfeição acima das satisfações mais substanciais do mundo real, embora mais limitadas, deixamos de apreciar o que temos e nos isolamos de choques potencialmente transformadores com o mundo em volta.

Na conversa seguinte, você percebe como Jason e Leslie conseguiram crescer e amadurecer juntos. Ele começou:

– Fomos ao oeste de Massachusetts neste fim de semana para a formatura de Susie (Susie era a filha que já freqüentava a faculdade no início da terapia). Ficamos parados ali, vendo todos aqueles jovens prestes a deslanchar na vida. Era para ser um momento feliz; eu me orgulho de Susie. Mas, em vez de sentir pena de mim mesmo, do tipo: "Por que não posso ter as mesmas oportunidades que essa garotada?", também me senti detestável. Como é possível ser tão egoísta, só consigo pensar em mim mesmo quando este deve ser o dia dela?

Jason tomou um gole da garrafa d'água e continuou:

– Então olhei para Leslie. Tinha lágrimas nos olhos. Quando a vi chorando, a irritação me deixou, e tudo em mim voltou a ser mais uma vez humano. Passei o braço em volta dos ombros dela, senti como era diferente seu corpo desde que tinha adoecido. Pensei em como seria se eu tivesse de comparecer sozinho à formatura. Sabe, é estranho. Minhas lembranças não são só minhas. São nossas. Fizemos nossa filha juntos, a criamos juntos. Se Leslie não estivesse ali, não apenas aquele momento não seria o mesmo. Até o passado seria diferente.

Leslie deu um carinhoso toque de intimidade no antebraço do marido e então se virou para mim e disse:

– Fazia um desses lindos dias de primavera, o ar aprazível, o sol mal esquentava de leve a pele da gente. Eu chorava porque me sentia feliz. Também pensava em como quase não pude participar da formatura. Quando Jason pôs o braço em volta de mim, pensei na aventura extraconjugal dele. Sentia-me tão furiosa naquela época, que nem conseguia perdoá-lo. Não estou desculpando o que ele fez... em alguns aspectos jamais superarei isso... mas de outra forma entendia. Eu vinha tirando a vida dele ao sufocá-lo. Não o deixava querer nada e não conseguia conversar com ele sobre o que eu queria e precisava.

Com essas palavras, virou-se para olhá-lo. Mais brincalhona agora, deu-lhe um leve soco no braço, declarando:

— Se você algum dia fizer isso de novo, eu o mato, mas sabe de uma coisa? Se alguém pudesse fazer voltar atrás o que já aconteceu, bem, não tenho tanta certeza de que ia querer isso.

RESOLUÇÕES INTERIORES

Deixando para trás ressentimentos e queixas, aprendendo juntos a tolerar os sofrimentos e perdas, Jason e Leslie conseguiram abraçar um ao outro, e à vida dos dois, com mais plenitude. Três princípios simples, conquistados com esforço, comandaram esse sucesso.

Primeiro, conseguiram ser autênticos — consigo mesmos e um com o outro. Livraram-se das ilusões e reivindicações e, ao se obrigarem a ser abertos e sinceros sobre as inseguranças e decepções mútuas, livraram-se da armadura que os mantinha distantes um do outro.

Segundo, instituíram rituais brincalhões que serviram de lembretes contínuos do compromisso mútuo. Jason fazia questão de tocar Leslie toda manhã e noite, lembrando a si mesmo que as mudanças em seu corpo refletiam o roçar dela com a morte. Leslie sentava-se com Jason toda noite, sem a taça de vinho na mão, e perguntava-lhe como fora seu dia; isso simbolizou a decisão de parar de beber e o compromisso de ser mais aberta e ligada. Juntos os dois criaram uma rotina divertida, na qual brincavam sobre como cada um quase abandonara o outro – ele por uma mulher mais jovem, e ela, como descreveu Jason, "por Deus".

E, terceiro, os dois assumiram uma série de riscos íntimos. Abandonaram hábitos e distrações anestesiantes como vinho e aventuras extraconjugais; tornaram o casamento e o crescimento de seu melhor eu mais importantes que o egoísmo individual de limites definidos; e obrigaram-se a ser mais autênticos e honestos um com o outro, mesmo em relação a coisas bastante dolorosas. Descobriram formas criativas de ser vulneráveis e autênticos juntos, estabelecendo contato até em questões profundas e privadas que haviam antes protegido de forma ardorosa.

Serem autênticos, brincarem e assumirem riscos íntimos juntos. Enquanto você lê, por favor, mantenha esses três princípios no primeiro plano da mente. Servirão como um arcabouço organizador da espinha dorsal deste livro, as oito resoluções que vão nos orientar e incentivar, à medida que formos construindo relacionamentos nos quais possamos mudar e crescer, de várias maneiras específicas, quando enfrentamos os desafios da meia-idade e além.

Oito "resoluções". Em contraste com a atual apropriação do conceito de "intenção" do movimento espiritual e filosófico da Nova Era[1]* (só a declaração de nossas intenções, dizemos, nos trará felicidade, juventude, saúde, amores, dinheiro, boas vagas nos estacionamentos e qualquer outra coisa que impressione nossas fantasias míopes e egocêntricas[2]), a palavra "resolução" sugere algo um pouco mais destemido, com

---

* As notas explicativas da autora encontram-se no final deste livro, pág. 221.

um pouco mais de bom senso e realismo. Resolução, definida como "uma expressão formal de vontade ou intenção", passa a idéia de que temos de esticar o pescoço, na verdade fazer alguma coisa, a fim de conseguir o que queremos. Cada uma das resoluções esboçadas neste livro, em conseqüência, é organizada em torno da conceitualização de uma importante meta ou aspiração, uma espécie de *Post-it* mental que, quando mantido, pode apontar-nos a direção certa. E cada uma também exige atividade persistente, deliberada e voltada para uma meta.

Tomadas em conjunto, podem se consideradas como estrelas polares, idéias-guia possíveis de estendermos a todos os relacionamentos.

Agora, armadas com essa substancial dose de realismo, seguem-se as oito resoluções definitivamente não místicas que, quando consideradas em conjunto, incluem a prescrição da ação para construir melhores relacionamentos que, por sua vez, nos tornarão pessoas melhores.

As primeiras quatro são:

- **Adotar uma visão duradoura do amor**
- **Comemorar as diferenças**
- **Fazer sexo de verdade**
- **Encontrar a liberdade pelo compromisso**

Chamo essas primeiras quatro de "necessidades partilhadas".
As outras quatro são:

- **Acreditar em algo mais importante que vocês mesmos**
- **Abandonar hábitos e vícios**
- **Perdoar e agradecer**
- **Brincar**

Essas chamo de "escolhas partilhadas".

Oito resoluções íntimas, um poderoso caminho para um melhor relacionamento e um melhor eu.

E agora uma nota final de moderação e precaução: poucas coisas que valem mesmo a pena são obtidas sem risco. A promessa deste livro – um melhor relacionamento que levem a um melhor eu – não é exceção. Essas resoluções nos desafiam a nos aproximar dos próprios limites da intimidade dos quais nos sentimos mais compelidos a nos afastar. Dão-nos permissão para aprofundar-nos em nosso pior eu, sempre na esperança de nos tornarmos nosso melhor eu. E nos desafiam a eliminar as restrições de civilidade superficial a fim de examinar que partes de nós mesmos julgamos mais estranhas e assustadoras. São, de fato, propostas de alto risco e alta recompensa.

Em vista da competência que parecemos ter em nos dilacerarmos nos relacionamentos íntimos, mesmo quando tentamos manter tudo seguro, essas resoluções são sérias e até, em condições erradas, um perigoso medicamento.

O que significa que a segurança é suprema. Se essas oito resoluções visam a ser construtivas e não destrutivas, precisam ser empreendidas a partir do alicerce de um bom relacionamento. Claro, elas próprias vão tornar o relacionamento m elhor – a apreciação das diferenças, as concessões um ao outro e a disposição de perdoar são, por exemplo, elementos essenciais de todos os bons relacionamentos –, mas outros blocos de construção do relacionamento que não constituem o enfoque destas páginas são igualmente essenciais à segurança. Mais uma vez, conheçam-se a si mesmos; conversem um com o outro; sejam respeitosos; reforcem os aspectos positivos e minimizem os negativos. Sejam honestos um com o outro. Vejam as coisas da perspectiva um do outro. Não julguem: essas e outras servem como regras fundamentais, necessárias à manutenção dos relacionamentos seguros.

É necessário um árduo trabalho para fazer o amor durar. Esse trabalho, contudo, vale o esforço. De um lugar seguro, de um clima de dedicação, generosidade, respeito e honestidade, podemos pedir que nosso relacionamento seja mais que apenas "bom". Podemos pedir que nos ajude a sermos pessoas melhores.

Na melhor das situações, a meia-idade é um tempo de busca. Desde aventuras prejudiciais, como ter um caso amoroso extraconjugal, aos atos benignos, mas superficiais, como comprar um carro esporte, tentamos percorrer o caminho de volta ao nosso eu jovem. Desde as atividades simples, cotidianas, como cultivar um jardim e dedicar-nos à dança de salão, a buscas mais aventureiras, como viajar e começar uma segunda carreira, lutamos contra as sombras de um tempo que avança sem parar à procura de novo crescimento e sentido.

Este livro se baseia na crença de que podemos encontrar as possibilidades imagináveis que engrandecerão ainda mais a vida que já temos, e de que o filão principal dessas possibilidades está nas profundezas inexploradas de nossos relacionamentos íntimos de longa duração.

As oito resoluções descritas nestas páginas vão nos ajudar a construir relacionamentos nos quais é possível encontrar sentido particular (mesmo numa cultura que muitas vezes nos afasta do que é mais humano e mais importante). Elas ajudarão a criar relacionamentos nos quais é possível reconhecer, e não negar, nossa falibilidade humana. E, sobretudo relevante para nós da geração do pós-guerra, já de cabelos grisalhos, ajudará a formar relacionamentos nos quais possamos tornar o tempo de envelhecer em um tempo de possibilidade de engrandecimento, em vez de diminuição.

Nossos relacionamentos íntimos devem nos transformar. Fazer-nos crescer. Se não possibilitar isso, é sinal que falta alguma coisa.

PRIMEIRA PARTE

Necessidades partilhadas

CAPÍTULO 1

ADOTAR UMA VISÃO DURADOURA DO AMOR

Este livro é organizado em torno de dois princípios simples:

Primeiro, se quisermos melhorar à medida que envelhecemos, precisaremos descobrir crescimento e sentido nas situações difíceis e limitações que muitas vezes procuramos evitar e negar.

Segundo, mais que qualquer outro meio existente para nós, os relacionamentos íntimos de longo prazo nos ajudam nessa crucial tarefa da vida. Abrindo-nos ao conhecimento íntimo de alguém diferente e separado de nós mesmos, e também intimamente ser conhecidos por ele, podemos descobrir o mundo de inexploradas possibilidades que se escondem em nosso próprio eu.

A esta altura, é óbvio que não estamos falando de um ajuste rápido. Se quisermos que os relacionamentos sejam explorados ao máximo, que se tornem oportunidades para importantes mudança e crescimento, precisaremos dar-lhes tempo. E, nessa era de rápida e fácil satisfação, dar tempo às coisas vem-se tornando uma arte perdida.

Isso se aplica sobretudo ao amor.

Kurt e Felicia, um casal de aparência cansada e descuidada, que parecia na faixa dos quarenta e poucos, chegaram ao meu consultório após oito anos de casamento, dois filhos, inúmeras brigas e, mais recentemente, meses de entorpecida indiferença um pelo outro.

– Nós achamos que está quase tudo terminado – disse Felicia, à guisa de apresentação –, mas decidimos que devemos às crianças uma última tentativa.

Achei a reunião com Kurt e Felicia bastante desanimadora; raras vezes olhavam um para o outro, nunca se tocavam e quase não sorriam. Senti-me, como imagino que se sente, um oncologista ao deparar com um paciente que abandonou um problema maligno por demasiado tempo: desconfiei que pouco pudesse fazer, além de aliviar o sofrimento do casal enquanto se desfazia o casamento.

Mesmo assim, tentamos. A princípio, o relacionamento dos dois fora muito apaixonado.

– Passamos o primeiro ano na cama juntos – disse Kurt. – Mas com o passar do tempo começamos a brigar. Então achamos que talvez ter filhos ajudasse, mas isso não funcionou, o que não surpreende. Agora é como se o relacionamento não chegasse a ser importante o suficiente nem para brigarmos. O que parece tão difícil de entender, porém, é que éramos tão a fim um do outro no início. Isso não significa que a gente se amava? Não deveria ainda continuar existindo alguma coisa nesse casamento?

Durante seis meses, tentei ajudar Kurt e Felicia a descobrir se continuava existindo alguma coisa ali. Toda sessão, eles contavam os esforços para resgatar a paixão inicial. Eu sugeria, a princípio com delicadeza, e no decorrer do tempo com mais firmeza, que esses esforços não iam levá-los muito longe; precisavam aceitar o fato de que o relacionamento mudara e precisavam passar a conhecer-se de uma forma mais íntima e honesta. Toda sessão, os dois concordavam, submissos, mas retornavam na semana seguinte e me diziam que a última tentativa de reacender o romance fora um fiasco total. Fosse a de tentarem um fim de semana romântico, mas brigarem, ou de tentarem sexo tântrico, e se entediarem, os dois não pareciam afastar-se da idéia de que a solução seria retornar ao início do casamento. Por fim, decidiram parar de tentar.

– Não estamos zangados um com o outro – disse Felicia. – Apenas não nos amamos mais. Vamos dar por encerrado o assunto.

E assim fizeram.

No início de um relacionamento, é muito fácil definir o amor. Como nos dizem os contos de fadas e as histórias românticas, o amor começa como uma experiência brilhante, divertida, que faz o coração martelar, de romance e paixão. Como descreve a Dra. Luce, personagem ficcional especialista em sexualidade humana, no livro *Middlesex*, de Jeffrey Eugenides, apaixonar-se "é um tempo inebriante e feliz, em que você cheira o ser amado como uma papoula perfumada durante horas a fio."[1]

Mas também, como aprenderam Kurt, Felicia e todos nós, chega o conhecido atrito. A eternidade embriagante da paixão inicial de fato, inevitável e infalivelmente, acaba terminando e com isso começa a vida no mundo real. Pode-se também chamar esse tempo pós-romance de amor? São a luta, o conflito, a diferença e a desilusão partes do amor, ou só é amor quando ficamos cheirando um ao outro, como papoulas perfumadas?

Neste capítulo, eu afirmo que o amor é um fenômeno duradouro, que muda e evolui durante todo o nosso tempo de vida. A adoção dessa mentalidade não será fácil: atualmente, a viciante e empolgante excitação de apaixonar-se é melhor ajustável a nossa cultura, onde o sentir-se bem conta mais do que as recompensas mais moderadas resultates do amor a longo prazo. Mas o esforço valerá a pena: por meio da ampliação do entendimento do que pode ser o amor, melhoraremos nosso relacionamento e nossa vida, de formas surpreendentes e poderosas.

Adotar uma visão duradoura do amor. Esta é a primeira das oito resoluções íntimas que examinaremos nestas páginas. Rejeitando a poção mágica da auto-ajuda, vendida pelos mais impactantes livros de casamento, aqueles que prometem "levar a paixão eterna ao relacionamento", vamos nos armar com a compreensão de que o tempo que se segue ao romance não é um compromisso desventurado, embora necessário, mas uma oportunidade de crescimento e de mudança verdadeiros e duradouros. E expandindo nossa visão do amor além da excitação empolgante, mas transitória, da paixão inicial, daremos a nós mesmos o que faltava a Kurt e Felicia: um motivo para acompanhar um ao outro pelos desafios intimidantes, mas potencialmente enaltecedores da vida, do envelhecimento.

Michael e Susan Smithson:
Fazendo o amor durar

— Não dá nem para lhe dizer o quanto não gostaria de estar aqui — começou Michael Smithson. — Estamos casados há trinta anos... Por falar nisso, que idade você tem? Parece que quase poderia ser um dos nossos filhos.

O tom de Michael era mais brincalhão que desafiador, e respondi com um simples sorriso.

Ele retribuiu-o e continuou, suavizando a voz.

— De qualquer modo, como eu disse, estamos casados há trinta anos e temos um bom relacionamento. Mas aconteceu uma coisa com a qual andamos tendo problema. — Virou-se para a mulher e então, com uma piscadela dissimulada, acrescentou: — Ou talvez eu deva dizer que não aconteceu o que deveria ter acontecido-.

— Você é tão mau — interferiu Susan, dispensando o marido com um aceno da mão em falsa repugnância. Depois, virando-se para mim, disse: — Mas já é uma coisa boa. Acho que é a primeira vez que ele fez uma piada sobre isso desde a cirurgia.

Michael e Susan pareciam estar no início da casa dos sessenta. Ele era elegante e cheio de energia, tinha cabelos ralos muito bem penteados com gel e penetrantes olhos castanhos. Vestia-se de maneira informal, calças jeans e camisa esportiva. Ela parecia mais elegante. Tinha os cabelos grisalhos presos atrás num coque e usava saia e blusa com um cachecol de muito bom gosto combinando.

Michael tomou a iniciativa ao contar a história deles.

— Dois anos atrás, me submeti a uma cirurgia de câncer da próstata e embora meu cirurgião, que a propósito ocupa o primeiro lugar em minha lista de vítimas a serem eliminadas, me dissesse que podia fazer uma operação que pouparia o nervo, eu nunca mais consegui ter uma ereção. Sei que eu não deveria me sentir assim, mas não me sinto mais homem.

Michael, que se curvara para a frente, agora se encostava na cadeira, relaxando um pouco, e virou-se para Susan com um sorriso aliviado que parecia dizer: "Pronto, falei".

O senso de masculinidade de Michael não foi a única vítima da cirurgia. Susan também sofria:

– Os médicos dizem que não há muita chance de o câncer ter-se espalhado – explicou. – Digo a mim mesma que é isso que na verdade importa. Mas é difícil para mim também. Sei que não é muito politicamente correto, porém me sentia mais mulher quando podia tê-lo dentro de mim.

Durante os últimos dois anos, Michael e Susan haviam se dedicado a restabelecer a vida sexual. Tentaram Viagra, mas, apesar das garantias do cirurgião, Michael sofrera extensa lesão nervosa, e o remédio não foi eficaz. Tentaram terapia sexual, mas, como explicou Michael:

– O problema é no bombeamento, não na técnica.

Chegaram até a tentar acupuntura, mas não funcionou. O que antes vinha com facilidade agora parecia um árduo trabalho. Pior ainda, evitavam qualquer coisa mesmo remotamente erótica – beijos, aconchegos e até abraços – porque apenas o ato de tocarem um ao outro já os fazia lembrar o que haviam perdido.

– Tenho pensado em fazer outra cirurgia – continuou Michael. – Meu urologista disse que podia pôr um tubo inflável no interior do pênis, e eu teria ereções bombeando um dispositivo embutido sob a pele. Ele me disse: "Você só precisa se bombear". Parecia um daqueles caras no programa de variedades da tevê, *Saturday night live*, como eram mesmo os nomes? Hans e Franz? "*Nóis vai* (sic) bombear você até fazer a coisa levantar!" – Michael interrompeu-se e acrescentou em voz baixa: – Mas eu não quero um balão no meu pênis, portanto acho que tenho... nós temos... uma decisão a tomar.

SUPERANDO UM DESAFIO ANTERIOR

Vira e mexe, tanto na vida individual quanto no relacionamento íntimo, enfrentamos os mesmos dilemas básicos. Ressurgem em cada fase da vida, sempre sob um disfarce ligeiramente alterado. Toda vez que os resolvemos, em geral por meio de soluções parciais e temporárias, crescemos e nos desenvolvemos. Somos todos, de certo modo, a soma de nossas soluções imperfeitas.

Os pais de Michael haviam trabalhado como operários até se aposentarem com pequenas pensões. Ele tinha dois irmãos e duas irmãs mais novos, nenhum dos quais terminara a faculdade. Michael, ao contrário, progredira pelo próprio esforço concluindo o curso secundário e a faculdade de direito, e quando conheceu Susan era um rapaz dinâmico e bem-sucedido, a dois anos de tornar-se sócio do escritório de advocacia onde trabalhava. Sob esse sucesso meteórico, contudo, também era um rapaz inseguro, sentindo que tinha muito a provar.

Susan, por outro lado, foi uma criança privilegiada. A mãe e o pai vinham ambos de gerações de riqueza, cuja única forma de trabalho envolvia a administração do patrimônio de família. Freqüentara as melhores escolas e, quando conheceu Michael, ensinava numa escola primária particular por um salário que não precisava.

No início, essas diferenças na formação favoreceram uma boa combinação. O interesse de Susan por Michael servia como antídoto para a controlada insegurança do rapaz:

– Lembro-me de que a primeira vez que a levei à minha casa, todos os meus velhos amigos ficaram totalmente sem saber o que falar. A idéia de que uma mulher como ela se interessasse por mim significava que eu tinha me saído bem.

A tosca competitividade e o desdém de Michael por aqueles que não trabalhavam com afinco, enquanto isso, combinavam à perfeição com uma espécie de esnobismo oposto que Susan criara. Numa de nossas primeiras sessões, ela contou a seguinte história:

– Logo depois de conhecer Michael, participei de uma caminhada nas White Mountains com alguns amigos. A trilha terminava num acampamento, e todas as famílias se achavam lá com seus trailers e barracas. O ar estava cheio de fumaça de churrasco e havia muito barulho de crianças brincando, e pensei em como meus pais, com seus grupos elegantes de clube campestre, jamais seriam vistos fazendo uma coisa assim. Mas me pareceu que aquela garotada era a mais sortuda do mundo. Sei que isso parece condescendência, mas Michael me fazia lembrar aquele mundo.

Os dois complementavam-se mutuamente em vários de seus mais vulneráveis e incertos lugares, e durante os primeiros meses do relacionamento fizeram um ao outro uma infinidade de bem. Muito mais que o sucesso no curso secundário, faculdade de direito e trabalho, o desejo dela por ele fazia-o sentir que vencera como homem. Susan, enquanto isso, encontrou semelhante benefício na atração de Michael por ela.

– Minha mãe é a versão na vida real daquela frígida americana da elite, interpretada por Mary Tyler Moore, em *Gente como a gente*. Não tem nenhum senso de si mesma como mulher e também jamais fez com que eu me sentisse um mínimo feminina. Eu sentia o quanto Michael me queria. Quando ficávamos juntos, eu substituía essa imagem fria e rígida que tinha de mim mesma por uma coisa mais feminina e cheia de vida.

Como ocorrera com Kurt e Felicia, o relacionamento de Michael e Susan começou com uma poderosa química inicial. Mas infelizmente, como ocorreu com Kurt e Felicia, na verdade como ocorre com todos nós, a inebriante eternidade da paixão inicial de fato acabou. Além disso, como muitas vezes também ocorre quando chega esse fim, as mesmas diferenças que catalisavam a química inicial do casal foram exatamente as que começaram a criar atritos. O problema surgiu pela primeira vez por uma questão de dinheiro. Embora ele tivesse se tornando um advogado bem-sucedido, o fundo do patrimônio de Susan rendia ao casal muito mais por ano que os ganhos do marido.

Essa aparente situação de boa sorte melindrou os sentimentos de insegurança ainda presentes em Michael, e ele começou a amparar-se humilhando a mulher. Susan, por sua vez, sentiu-se magoada pelas críticas do marido e, recorrendo a uma página do livro da mãe, retirou-se num estado de frio distanciamento.

Alguns anos se passaram e dois filhos chegaram, um menino e uma menina. A essa altura Michael trabalhava quase sem parar durante a semana e nos fins de semana, muitas vezes, retornava ao antigo bairro para passar o tempo no bar com os amigos de infância. Susan abandonou o emprego de professora e começou a levar os filhos ao clube campestre dos pais, onde passava as tardes vendo-os nadar na piscina, enquanto tomava vinho e fofocava com a mãe. A distância entre os dois aumentou ainda mais, criando ao mesmo tempo uma espiral de ressentimento e mágoa, e por fim Michael e Susan viram-se olhando um ao outro através de uma incômoda divisória.

Onde Kurt e Felicia fracassaram, porém, Michael e Susan tiveram êxito.

Uns dez anos após o casamento de Michael e Susan, o pai dele morreu de cirrose.

– Lembro-me do enterro – disse Michael, a voz ficando saudosa com a lembrança de vinte anos antes. – Sentado ao lado de minha mãe na primeira fileira de bancos da igreja, eu só me lembrava daquelas noites de sábado quando minha mãe me mandava ao bar dizer a ele que voltasse para casa. Então de repente me dei conta de que o único motivo de minha família atual parecer diferente da família em que fui criado era que agora tínhamos dinheiro. No fundo, as coisas não eram mesmo diferentes.

Após a morte do pai, Michael resolveu mudar. Parou de passar o tempo no antigo bairro e começou a dedicar-se mais à família. Susan ficou profundamente comovida.

– Foi um momento verdadeiro e decisivo em nosso relacionamento – ela comentou. – Meu pai sempre nos dava presentes incríveis, mas ele tinha tanto dinheiro que isso na verdade jamais significou grande coisa. O fato de Michael se dispor a fazer sacrifícios por nossa família significou o mundo para mim. E também me fez questionar minha própria realidade. Um dos motivos de meu pai passar a vida no bar do clube campestre era o fato de minha mãe ser tão fria com ele. Tive de perguntar a mim mesma... Será que eu era diferente em alguma coisa?

"Jamais conseguimos fazer nosso relacionamento voltar a ser o que tinha sido naqueles primeiros meses em que estávamos tão apaixonados", continuou Susan, "mas não era isso o que importava. E realmente não tivemos nenhum problema sério desde então, pelo menos não até agora."

Esta, em essência, é a história de Michael e Susan. Ao longo dos anos, o casal tivera sua parcela de desavenças e discordâncias, mas no geral o relacionamento dos dois fora bom. Os filhos haviam se diplomado na faculdade, e o mais velho se casara. Michael ainda trabalhava em tempo integral como o sócio mais antigo no escritório de advocacia, enquanto Susan, que retornara ao trabalho, se aposentara recentemente do ensino. O casal continuava se beneficiando do dinheiro de Susan, mas o sucesso de Michael e a força do relacionamento dos dois fizeram a presença daquela riqueza parecer menos onerosa com o passar dos anos. Até então haviam levado uma vida boa.

Agora, contudo, viam-se diante de outro desafio: tinham de enfrentar as conseqüências do câncer de Michael.

PROGRAMA DE BIOLOGIA PARA
O AMOR DE DURAÇÃO MAIS LONGA

O relacionamento de Michael e Susan fora tudo menos uma acomodação. Quando vieram conversar comigo, consideravam-se os melhores amigos, sentiam uma profunda sensação de gratidão por suas vidas compartilhadas, e com o tempo cada um passara a conhecer o eu dele ou o dela pela confiável e constante reflexão do outro. Esses benefícios, que são do tipo que fazem um mundo de diferença na qualidade de nossas vidas, podem vir para todos nós. Mas só podem fazê-lo quando nossos relacionamentos têm condições de crescer e evoluir ao longo de muitos anos.

Adote uma visão duradoura do amor: empenhando-nos na resolução de não apenas tornar o relacionamento melhor, vamos criar relacionamentos que nos ajudam a mudar, crescer e envelhecer com coragem, propósito e convicção.

Para realizarmos essa resolução, porém, teremos de ir contra a natureza de que "tudo-é-possível-agora" da cultura atual. Teremos de escolher satisfações mais profundas, embora mais lentas do que as inebriantes e viciadoras experiências de paixão e romance.

Talvez encontremos algum apoio a nossa resolução se entendermos que escolhendo esse caminho estamos sendo verdadeiros com nossa mente e corpo: a verdade é que somos dotados de um código biológico embutido que permite, até estimula, o amor a desdobrar-se e crescer durante o curso de nossa vida.

Vamos dar uma olhada nesse código, começando com o que acontece quando nos apaixonamos pela primeira vez.

Um elegante dígito binário de *software* fisiológico forma os primeiros dias da paixão romântica. Esse *software* governa dois sistemas separados, mas relacionados: desejo e atração. Faz sentido, considerando-se que a evolução bem-sucedida depende de termos tanto o impulso de procriar quanto a capacidade de concentrar esse impulso na direção de alguém que tem bons genes.

No lado do impulso das coisas, falamos em grande parte sobre testosterona, ou, como o chama a bióloga Helen Fisher, "o hormônio do desejo"[2]. Em homens e mulheres, quanto mais testosterona a pessoa tem, mais desejo sexual sente, mais pensamentos e fantasias lhe ocorrem e em mais atividade sexual ela se envolve[3]. Se nos pedissem para escolher um aspecto de nossa fisiologia com mais probabilidade de estar relacionado à paixão inicial, a testosterona obteria muitos votos, e na verdade as mulheres que se encontram nos primeiros estágios de amor exibem mesmo maiores níveis de testosterona.

Claro que as coisas raras vezes são objetivas quando se trata da interação entre mente e corpo[4]. Embora as mulheres apaixonadas demonstrem maiores níveis de testosterona[5], os homens que acabaram de apaixonar-se revelam, de forma um tanto surpreendente, menores níveis do hormônio[6]. Por que será?

Porque apaixonar-se envolve mais coisas que sexo, um fato que nos leva do impulso para a atração. Pense numa experiência em que voluntários que haviam recentemente se apaixonado se submeteram a tomografias do cérebro, enquanto lhe mostravam fotografias de suas amadas[7, 8]. Essas tomografias foram comparadas com as tiradas de voluntários que assistiam a vídeos pornográficos. Os cérebros dos indivíduos apaixonados mostraram significativamente mais atividade em seus centros de recompensa e prazer.

Não surpreende que essas áreas sejam associadas a sentimentos de euforia, maior energia, hiperatividade, insônia, êxtase, perda de apetite, vício, batimentos disparados do coração e respiração acelerada – todos os traços associados ao estado de loucamente apaixonado[9].

Não há surpresas nesse exame de reconhecida superficialidade da biologia do amor: os dias do início do romance e paixão são governados por poderosas mudanças na fisiologia. Uma série de reações químicas do cérebro, que governa o ato de apaixonar-se, chega até a parecer a mesma envolvida no distúrbio obsessivo compulsivo e no vício[10, 11]. Parece verdade literal o fato de que, quando nos apaixonamos, nos tornamos "doentes de amor", ou, tomando emprestado do músico Robert Palmer, "viciados no amor"[12]. Para citar as opiniões do Sr. Palmer sobre o assunto: "Você não consegue dormir, comer... Vai ter de enfrentar o seguinte: está viciado no amor".

Se parássemos aqui, talvez entrássemos na visão de intimidade explicada pelo cantor Meat Loaf em seu hino à geração mal casada do pós-guerra, "Paradise by the dashboard light" [Paraíso à luz do painel do carro]. O protagonista da música, desesperado para convencer a namorada a fazer sexo com ele, acaba por ceder à exigência da moça, de que ele prometa "amá-la até os fins dos tempos". Infelizmente, as coisas não saíram muito bem, e no fim da música o vemos rezando para que os "os fins dos tempos cheguem logo".

Sem dúvida, a perspectiva[13] de Meat Loaf é conhecida: há muito sabemos que a paixão inicial inevitavelmente abre caminho para a decepção, tédio e azedume. Mas a verdade é que, se o amor se destina mesmo a azedar depois que a emoção se vai, isso é culpa da biologia. De fato, acontece o contrário. O amor, segundo a visão formulada pela ciência, não é uma experiência fugaz, transitória, aquela com mais facilidade apreendida e preservada por poetas que por casais da vida real. Ao contrário, envolve processos complementares e seqüenciais que podem durar a vida toda[14].

Recentemente, cientistas do University College, em Londres, fizeram imagens de ressonância magnética em voluntários com relacionamentos que haviam durado pouco além dos primeiros meses de romance e paixão (os casais estudados tinham ficado juntos uma média de 2 a 3 anos)[15]. Assim como em estudos anteriores de voluntários apaixonados, encontraram um aumento de atividade nos centros de recompensa do cérebro. Mas também encontraram mais alguma coisa: o aumento de atividade nas áreas que regulam emoção, atenção e memória funcional[16]. A bióloga Helen Fisher postula que, em algum momento entre o primeiro semestre e os primeiros dois anos de um relacionamento, o cérebro pode começar a estabelecer e consolidar o tipo de experiência cognitiva e emocional necessário à ligação sentimental de prazo mais longo.

Depois, há o onipresente e influente hormônio mencionado antes: testosterona.

A testosterona, constata-se, origina mais que apenas luxúria. Quando adolescentes, os homens têm níveis de testosterona no ponto mais alto, e depois, à medida que vão envelhecendo, esses níveis baixam[17]. Em conseqüência, quando os homens envelhecem, e o relacionamento avança no tempo, a biologia favorece mais a ligação que o ardor. Além disso, há variações locais nos níveis de testosterona ao longo da vida. Quando os casamentos se tornam menos estáveis, os níveis de testosterona sobem. O mesmo ocorre quando os homens se divorciam. Por outro lado, quando os casamentos são mais estáveis, os níveis de testosterona diminuem, e diminuem de forma muito interessante, quando os homens se tornam pais e seguram um bebê. Parece que os níveis de testosterona mudam em reação à circunstância para apoiar o tipo de parentesco moderado, duradouro que conduz à intimidade de mais longo prazo e à vida familiar.

Por fim, há a questão da oxitocina e da vasopressina, ou, como as chama Helen, "substâncias químicas das carícias"[18]. Se a testosterona é a substância química do desejo, a oxitocina e a vasopressina parecem ser os hormônios da ligação de longo prazo[19]. As mães humanas segregam a oxitocina quando dão à luz, facilitando desse modo a união com os recém-nascidos[20]. Além disso, a oxitocina e a vasopressina (que geram uma sensação prazerosa de bem-estar) associam-se à confiança: quando acreditamos que confiam em nós, o cérebro libera oxitocina, e, quanto mais oxitocina o cérebro libera, mais fidedignos nos tornamos[21]. Por fim, durante a relação sexual a oxitocina é liberada pelas mulheres e a vasopressina pelos homens[22]. Esses hormônios geram uma pós-cópula de segurança e contentamento, que é mais moderada, mais favorável à confraternização, e, o importante, mais duradoura que a ardorosa, porém fugaz, excitação da paixão sexual.

Em suma, essas "substâncias químicas das carícias" parecem servir de cola renovável para a ligação e apego que são as bases da intimidade de longa duração[23].

Somos quem somos por causa de uma confluência infinitamente complexa de biologia, evolução, cultura e psicologia, e o amor pode ser a mais complexa, impenetrável e inefável de todas as experiências humanas. No entanto, a biologia dos relacionamentos humanos com o passar do tempo guarda uma mensagem de grande importância quando se trata do amor: o amor evolui[24]. A ligação de longo prazo é parte tão grande do quebra-cabeça global do amor quanto as experiências relativamente fugazes e viciantes do desejo e atração iniciais.

Agora deixemos o laboratório e retornemos à vida real. Vejamos como a continuidade do amor ajudou Michael e Susan a crescer de uma forma que nenhum dos dois imaginara possível.

DANÇAR UMA ANTIGA DANÇA

Em várias ocasiões – não apenas por volta daquela época difícil em que os filhos eram pequenos, mas em diversos outros pontos no relacionamento deles – Michael e Susan confiaram nas mesmas forças íntimas: ambos tinham capacidades muitíssimo desenvolvidas para ser honestos com as próprias deficiências, para aceitar e depois tentar resolver os desafios específicos ocasionados pelas diferentes fases da vida, e, talvez acima de tudo, recuperar as atitudes quando começaram a desviar-se de valores e crenças básicas. Agora se apoiavam mais uma vez nessas forças, enquanto lutavam com a difícil decisão de se Michael devia ou não se submeter à cirurgia de implante no pênis.

Começamos identificando um antigo padrão. A impotência de Michael provocara o aumento dos sentimentos de incompetência, e ele vinha lidando com a insegurança de uma forma conhecida e problemática: irrompia nas velhas brincadeiras sobre a riqueza de Susan. Ela não achava nada engraçadas as referências do marido ao seu trabalho como "apenas um passatempo", ou de ela ter sido "debutante de clube campestre", mas, na sensibilidade à enfermidade de Michael, Susan demorara a reagir aos ataques dele. Ele criticava e ela se retirava: os dois haviam dançado essa dança antes, e tão logo se conscientizaram de que haviam estabelecido um velho e infrutífero padrão, Michael interrompeu a provocação, e Susan tornou-se mais disponível.

Depois deram o passo seguinte: usaram o reservatório de confiança e entendimento que haviam acumulado ao longo dos anos para conversar sobre se iam ou não adiante com a cirurgia. Isso significou fazer uma auto-análise para saber o que o sexo era de fato para eles. Como explicou Susan:

— Por que, exatamente, faríamos a operação? Apenas para que Michael possa me penetrar? Se for mesmo isso que procuramos, ótimo, mas sexo é uma coisa muito complicada. A mim me parece que, antes de decidirmos o que fazer, temos de descobrir o que é exatamente o que queremos.

O sexo nos relacionamentos íntimos de longa data é de fato complicado. Michael e Susan sentiam falta da capacidade de ter relações sexuais, mas era mais que do próprio sexo que sentiam saudade.

— Tem mais coisa no sexo que apenas sexo — disse Susan, dando um sorriso zombeteiro. — Sinto saudade de Michael dentro de mim, porém, mais que isso, o sexo sempre foi uma forma na qual nos expressávamos. Um meio de conseguirmos sentir a nós mesmos através do outro. Isso é o que eu quero de volta.

A idéia de que o sexo envolve auto-expressão e confiança mútua parecia promissora. O lado apenas físico da vida sexual de Michael e Susan jamais seria o mesmo, mas a mente deles tinha o potencial para muita flexibilidade. Se o problema e a solução estão tanto no âmbito mental quanto no físico, havia uma boa chance de que tudo melhorasse.

Assim, passamos a trabalhar no lado mental das coisas. Na primeira sessão, Michael e Susan haviam falado que qualquer coisa, mesmo remotamente erótica, lembrava-lhes o câncer, a cirurgia e a perda do relacionamento sexual. Agora, avançados cerca de três meses em nosso trabalho, começamos a nos concentrar na dificuldade que tinham de viver com essa consciência. Michael explicou:

— Nos últimos tempos, tenho tentado ficar fisicamente mais perto de Susan, mas, quando me deito na cama, rolo para junto dela e ponho a mão em seu seio como fazia quase toda noite, só consigo pensar em que nada está acontecendo lá embaixo. Quero apenas rolar para o outro lado pelo tanto que tenho saudades do que sentia antes, e porque me sinto um grande fracasso. Sei que você vai dizer que não sou um fracasso, e Susan me diz a mesma coisa. De certa maneira, sei que é verdade, mas escute, sou um homem, meu cérebro é apenas meu segundo órgão mais importante.

Para usar a conhecida linguagem dos manuais de casamento, Michael e Susan "trabalharam com grande esforço", aprendendo a lidar com a dor. Antecipando um importante tema, creio que seria mais verdadeiro dizer que eles "brincaram" com muito esforço na criação de um lugar partilhado para o mais vulnerável e autêntico eu dos dois.

Nos vários meses seguintes, Michael e Susan se empenharam em tocar um ao outro, embora isso muitas vezes lhes causasse dor. Começaram a criar formas associadas e brincalhonas de fazer amor que não envolvessem intercurso sexual. E aprenderam a conversar, rir e chorar um com o outro no decorrer do medo e aflição que acompanhavam cada momento de proximidade e prazer físicos. Com esses meios, não apenas conseguiram encontrar o caminho de volta aos braços um do outro, mas também o caminho de volta à mente um do outro.

– Ainda consigo ter orgasmo sem sequer ter ereção – comentou Michael. – É gostoso, não tão bom como era, mas ainda assim bom, sobretudo se não fico obcecado com a idéia de que não é da mesma forma. O mesmo ocorre com Susan, o sexo continua sendo realmente bom para ela também, mas não podemos deixar de permanecer em contato um com o outro. Sabe o que mais? Parece um pouco ameaçador ficarmos tão abertos um ao outro, mas também é meio excitante. Passamos a ser muito mais criativos com o que fazemos um ao outro. E, os detalhes não são da sua conta. Como eu lhe disse, naquele primeiro encontro, você parece muito jovem para mim, e eu não gostaria de chocá-lo.

Para uma nova definição de amor

Com certeza, a decisão de Michael e Susan de abrir mão da cirurgia de implante não teria sido certa para todo mundo. Eles, porém, decidiram que a recuperação da capacidade de ter relações sexuais por meios mecânicos não seria certa para os dois.

– Ele teve câncer, submeteu-se à primeira cirurgia, melhorou, e sempre ficam algumas cicatrizes – disse Susan. – Como diz o ditado: "A vida não é como se quer, é como se pode". Aceito tudo, desde que encontremos formas pessoais e verdadeiras de continuar juntos.

Michael e Susan reconstruíram seu relacionamento sexual de uma forma que os ajudou a viver criativamente com uma difícil verdade. Essa verdade ia além do câncer de Michael; os dois enfrentavam as mudanças corporais que chegam com o envelhecimento. Mudanças que incluíram não apenas o ataque de graves doenças físicas e psicológicas (um em sete homens entre as idades de 60 e 79 contrai câncer de próstata[25], enquanto uma em catorze mulheres tem câncer de mama por volta dos 70 anos); essas também incluíram as simples e cotidianas mudanças que ocorrem em todos nós à medida que o corpo envelhece. Essas mudanças são duras em si mesmas e se tornam ainda mais difíceis porque nos fazem sentir incompetentes, em comparação com a ilusória e colorida visão atual de saúde e atração física.

A interação amorosa e brincalhona de Michael e Susan, contudo, ajudou-os a continuar vivos e com vigor mesmo quando enfrentaram esses desafios posteriores. Ao encontrarem formas de ser sensuais e autênticos um com o outro, tiveram condições não apenas de tolerar as devastações da doença e as limitações do envelhecimento, mas também, como o haviam feito em inúmeras fases anteriores da vida, de crescer na adversidade.

O amor é obviamente formado por muitas forças. Além da biologia, nossas psicologia, cultura e a dinâmica exclusiva de cada relacionamento entram em ação. O que desejo dizer neste capítulo não é que a biologia seja a única, nem sequer a mais importante força por trás das complexidades do amor e intimidade humanos. O que desejo dizer é que a biologia do amor nos oferece um modelo fácil para compreender que o amor de fato dura além daqueles meses iniciais, quando se liberam as substâncias químicas indutoras de euforia nos centros de prazer e vício do cérebro. A verdade é que o amor pode durar e dura mesmo, além de evoluir durante toda a vida.

Essa compreensão nos dá dois presentes:

Primeiro, crescemos simplesmente fazendo o amor durar. Um dos motivos de os primeiros dias de paixão e romance serem uma fonte de desenfreada alegria é que talvez sejam a única fase da idade adulta em que é saudável viver grande parte do prazer de nossas ilusões. Ao mesmo tempo, a capacidade de evoluir, além dessa fase, num relacionamento em que passamos a conhecer melhor um ao outro, como somos de verdade, pode nos proporcionar satisfações igualmente valiosas, embora mais sóbrias. Um relacionamento íntimo de longa duração talvez seja a última sala de aula para aprender a encontrar sentido e satisfação em um mundo que no final, e para nossa grande consternação, não vai se render à nossa onipotência.

Segundo, fazendo o amor durar, permanecendo em verdadeiro e íntimo contato a longo prazo um com o outro, criamos um espaço em que ocorrem vários processos promotores do crescimento. Todos esses processos, que me esforcei para transmitir por meio das resoluções explicadas com toda clareza neste livro, exigem a segurança e a intensidade de um relacionamento de longo prazo.

Algumas das peças essenciais para a criação e conservação de uma visão que contempla um amor mais duradouro são as seguintes:

- **Criar uma visão esperançosa, até ambiciosa, do que o relacionamento pode ser com o passar do tempo.** E então tentar viver conforme essa imagem.

- **Lembrar um ao outro o valor dos anos que acumularam juntos.** Apreciem tudo o que os dois construíram e façam questão que o companheiro saiba que você aprecia a contribuição dele ou dela para essas realizações. Reconheçam o que têm. Conversem sobre isso. Agradeçam um ao outro.

- **Não tentem reacender a paixão inicial.** O prazer do amor romântico pode, em alguns momentos, ser resgatado, porém, quanto mais esforço você fizer para tentar voltar ao início, menor será a probabilidade de sucesso (uma simples verdade que nem os livros de casamento do tipo "traga de volta a paixão" conseguem). Pense naqueles momentos em que um presente inesperado o transporta de volta àquele tempo inicial.

- **Tentem, sim, agarrar-se aos momentos iniciais lembrando juntos e, de modo mais formal, cumprindo o ritual de aniversários de casamento e outras datas importantes.** Lembrar o passado não é o mesmo que tentar revivê-lo; lembrar o passado é essencial para viver plenamente no presente e continuar a viver pelo futuro adentro.

- Acima de tudo, **rejeitem a mensagem social de que todos têm direito a corpos perfeitos, sexo formidável e infindável romance.** A tendência a esse estado de espírito de que "podemos ter tudo isso sem pagar um preço" nos faz sentir que a maior parte de nossa vida juntos é um prêmio de consolação, um lastimável meio termo após o "verdadeiro" amor do romance inicial. E nos faz ignorar as recompensas mais fundamentadas e substanciais, que vêm com a união ao longo do tempo.

Talvez muitos leitores agora estejam pensando: "Está tudo muito bem com essas sugestões, mas elas supõem que meu marido/mulher e eu já estamos na mesma página sobre esse assunto. Se assim fosse, mais da metade da batalha teria sido ganha. Como faço para ele/ela concordar?

Trata-se de uma importante pergunta. A verdade, mais regra que exceção, é que um membro do casal precisa tomar a iniciativa emocional. Tendemos a supor que isso significa a mulher emocionalmente consciente levar o homem menos emocionalmente maduro pela orelha, mas aprendi a desconfiar desse estereótipo. De fato, em minha experiência, há muito mais igualdade nessas questões do que em geral se imagina.

Então, o que você pode fazer para conseguir que o relutante parceiro concorde?

- Para começar, **pense positivo.** Se lhe couber tomar a iniciativa, encare a aparente injustiça como uma oportunidade para seu próprio crescimento.

- **Dizer positivamente ao companheiro.** "Muitas coisas boas podem resultar do fato de conhecermos um ao outro há tanto tempo" e "acho que ainda há muito mais a aprendermos um com o outro", às vezes nos levam bem longe. "Você é tão emocionalmente bitolado que só acha que existe amor quando faz sexo três vezes por dia" tem menos chance de funcionar.

- **Liderar pelo exemplo.** Isso se aplica a cada uma das oito resoluções. Os mais poderosos meios de mudar seu companheiro é primeiro mudar a si mesmo e depois pedir, muitas vezes de maneira implícita, que o companheiro se junte a você. Portanto, agarre-se à visão do amor duradouro, acredite nela com determinação e modele-a para o parceiro.

- Por fim, **confie no poder do tempo.** Persevere quando se sentir frustrado. As mudanças importantes são lentas e alcançadas com esforço. Disponha-se a ficar vulnerável com suas crenças e, igualmente importante, disponha-se a ficar fora dessa vulnerabilidade por muito tempo.

Robert Solomon com muita sensatez observa: "Definimos o amor de uma forma unicamente transitória, e depois nos perguntamos – às vezes ressentidos – por que o amor não dura"[26]. Bem, eis o saldo esclarecedor deste capítulo: precisamos de uma nova definição do amor.

Precisamos de uma definição do amor que sirva de antídoto para a crença moderna de que a vida é como deve ser apenas quando as substâncias químicas das sensações agradáveis correm pelos centros de prazer do nosso cérebro. Precisamos de uma definição do amor que inclua romance e paixão (na verdade, alguém teria de ser um verdadeiro mesquinho para não aceitar de bom grado essas maravilhosas experiências), mas que também nos incentive a valorizar a maneira como o amor pode nos ajudar a evoluir e crescer, ao longo dos primeiros meses de romance, de uma ligação mais moderada, da construção de uma vida juntos, do envelhecimento e, inevitavelmente, da perda – durante todas as estações de uma vida conjugal. Precisamos de uma definição do amor que não nos estimule a dedicar nosso relacionamento à busca com o único objetivo de manter o romance intenso, porque, quanto mais ativamente buscamos a paixão, mais enganosa ela se torna.

E, acima de tudo, precisamos de uma definição do amor que nos ajude mais a viver e amar *com* do que *contra* o curso natural do tempo e da natureza humana.

Primeiro fim de semana

Uma manhã no início de setembro no litoral do Maine. Havia um vento frio, de forma mais perceptível que no dia anterior.

Jessica sentiu um indício de fumaça, talvez de um distante fogão a lenha, e a luz achava-se apenas um pouco mais inclinada, um pouco menos direta, que antes. Era seu tipo preferido de dia.

Ela e David comemoravam o vigésimo aniversário de casamento. A idéia fora dele; num gesto de surpreendente romantismo, sugerira uma repetição da primeira escapada de fim de semana dos dois. E ele vinha falando daquele fim de semana desde que chegaram, dos maravilhosos e idílicos momentos que ele lembrava terem passado. Estranho, ela pensou, mas suas lembranças eram muito diferentes das do marido. Para Jessica, o fim de semana fora mais complicado.

– "Complicado"? Mas como é possível, sempre que acho que as coisas são boas, você acha que são "complicadas"? – provocara David.

Mas era assim que ela lembrava o tal fim de semana.

Claro, Jessica também se lembrava dos sentimentos mencionados pelo marido. Já estavam namorando há cinco meses – os mais felizes cinco meses de sua vida, ela contara em vertiginosa euforia à melhor amiga, pouco antes de haverem partido.

– Ele é sensível, mas bastante homem – dissera. – Bata na madeira, acho que isso pode dar certo.

Lembrava como ficara surpresa ao ouvir as próprias palavras. Aliviada, também. Começara a temer não ser arrebatada a um casamento por amor, mas em vez disso, como os pais, ter de conformar-se com a melhor opção disponível.

O fim de semana, porém, não transcorrera como esperava. O problema começara na manhã de domingo, poucas horas antes de voltarem para casa. Haviam acordado cedo para correr na praia, mas em vez de sincronizarem as largas passadas no mesmo ritmo, como em geral faziam, os passos haviam sido desiguais. David sempre tomava a dianteira na corrida, dizendo que ela podia correr mais rápido. Na superfície, a atitude parecia lisonjeira, essa coisa tipo "você é mais rápida do que pensa", que os homens gostavam de fazer, porém, como também ocorria com outros caras, o tom parecia mais controlador que encorajador.

– Continue em frente – ela dissera. – Encontro você na volta à pousada.

Para ela, esse arranjo ficaria muito bem, mas ele não pareceu querer assim, e após a corrida Jessica sentira uma tensão que jamais sentira com ele antes.

Mais tarde, na caminhada até a cidade para o desjejum, instalara-se um desconfortável silêncio entre eles. Também isso era novo; em geral a conversa simplesmente saía borbulhando dos dois. Ela tomara-lhe a mão, mas não lhe parecera encontrar aquele lugar confortável que sempre conseguira encontrar. No restaurante, faltava a sensação de que tinham um segredo especial partilhado, a sensação de: "Aposto que essas pessoas não sabem o que andamos fazendo um com o outro uma hora atrás", que tornava tão mais divertido sair e expor-se em espaço público.

Agora David e Jessica se sentavam um defronte ao outro, naquele mesmo restaurante que servia café-da-manhã, onde haviam se sentado vinte anos antes – duas pessoas quase vinte anos mais velhas, cujos filhos tinham afinal idade suficiente para ser deixados sozinhos. Jessica aproveitara o fim de semana; aproveitara a volta àquele lugar, e gostara de ter tempo a sós com David. Mas também se sentia distante dele. Queria que os dois lembrassem o fim de semana juntos, mas as lembranças do marido eram tão diferentes das suas que a recordação a deixou sentindo-se em desarmonia com ele.

Decidiu tentar mais uma vez.

– Sabe qual foi meu momento preferido daquele fim de semana? – perguntou.

– A quinta vez que fizemos sexo? – respondeu David.

Embora ela soubesse que ele tentava ser brincalhão, parecia que tentava introduzir à força em suas lembranças as dele, e Jessica sentiu esquivar-se dele, querendo agarrar-se aos próprios pensamentos.

– Não. – A voz era amável, mas determinada. – A viagem de carro de volta para casa.

– Como, você ficou feliz por se afastar de mim?

Ele continuava brincando, mas ela percebeu que o marido começava a sentir-se magoado porque ela não lembrava a mesma escapada romântica que ele.

– De jeito nenhum. – A voz continuava séria, mas ela contornou a mágoa do marido tomando-lhe a mão e olhando-o direto nos olhos. – Foi um fim de semana complicado, David. Mas para mim não foi uma coisa ruim. Estávamos começando a conhecer um ao outro. Começando realmente a conhecer um ao outro. Era a primeira vez que tínhamos de lidar com algumas das mesmas coisas com que tivemos de lidar durante os últimos vinte anos. O que mais me lembro é que, quando voltávamos de carro para casa, tentei conversar sobre isso, e você se pôs na defensiva. Ainda me lembro do que disse: "Talvez não possa ser sempre igual aos filmes. Talvez a gente também tenha de passar pelos momentos mais difíceis".

– Eu me lembro disso, sim – respondeu David em voz baixa, retribuindo-lhe o olhar.

Jessica sentiu-se relaxada. O fim de semana todo David quisera fazer amor, e ela não participara com muita vontade e disposição. Agora se sentia aberta para ele.

– Vou sempre lembrar aquele momento – ela continuou. – Lembro que, quando você me deixou em casa naquela noite, me senti meio triste, como se tivesse perdido alguma coisa, mas também me senti bem. Uma sensação diferente de bem-estar. Foi então que acreditei que tudo ia dar certo.

CAPÍTULO 2

COMEMORAR AS DIFERENÇAS

Vá buscar-me essa flor; já três vezes lhe mostrei essa planta:
Se deitarmos um pouco de seu suco sobre as pálpebras
de homem ou de mulher entregue ao sono,
ficará loucamente apaixonado por quem primeiro vir, quando desperto.

William Shakespeare
Sonho de uma noite de verão

Em *Sonho de uma noite de verão*, de William Shakespeare, uma poção mágica, o suco da flor "amor-perfeito", faz o receptor incauto apaixonar-se pelo primeiro ser humano vivo que passa por ele. Essa planta travessa serve de conveniente metáfora para uma das características definidoras daquela feliz parte da química que chamamos romance: os cintilantes e novos amores talvez sejam especiais para nós, mas isso não significa que somos competentes para enxergá-los como de fato são.

Porém, quando a estonteante excitação do amor começa a extinguir-se, começamos a perceber com mais clareza nossos parceiros muito humanos e, por isso mesmo, muito imperfeitos. Chamamos esse processo de desilusão e o consideramos o momento de total sucesso ou total fiasco na jornada dos amantes ao longo do tempo: se conseguirmos atravessar essa passagem rochosa, afirma a sabedoria comum, emergiremos numa qualidade de relação mais moderada, confiável, porém com toda certeza menos excitante.

Não é estranho que pensemos em termos tão pouco imaginativos e lamentavelmente desanimadores sobre o fato de passarmos a conhecer alguém a quem amamos?

Por sorte, o processo de desilusão, de literalmente desfazer-se das ilusões para melhor conhecer a verdade das coisas, não tem de ser um processo de compromisso e concessão deprimente. De fato, talvez aconteça o contrário.

Comemorar as diferenças. Esta é a segunda resolução descrita neste livro. Quando entendemos e depois apreciamos nossas diferenças – e por "diferenças" não estamos falando de Marte e Vênus, de ele gostar de futebol e ela de dança de salão, nem de nenhuma outra das infinitas formas superficiais nas quais nos diferenciamos dos nossos parceiros, mas do fato básico de que somos pessoas diferentes –, passamos a conhecer um ao outro com mais profundidade e honestidade. E, assim fazendo, não apenas formamos melhores relacionamentos, mas também formamos melhores seres de nós mesmos.

NOAH E DEVON ROSENBAUM

Noah e Devon Rosenbaum, que acabaram de entrar na casa dos quarenta anos e são pais de dois filhos, já estavam casados havia quinze anos quando vieram conversar comigo pela primeira vez. Noah, pediatra, era baixo e atarracado, com um bigode cerrado, um estilo informal e moderno de vestir-se, e olhos castanho-escuros. Devon, advogada, era magra e elegante, as roupas simples e graciosas, os cabelos louros e olhos azuis indicando o perfil protestante.

À primeira vista, Noah parecia o que mais se esforçava e dava de si na equação conjugal. Era inteligente, cordial e visivelmente criterioso, generoso nos presentes, além de dizer com freqüência a Devon o quanto a amava. Ela era mais cautelosa. Raras vezes dizia a Noah que o amava, e não apenas era menos generosa na doação de presentes, mas também se sentia desconfortável quando os recebia do marido. Noah exibia uma admirável generosidade nessa acomodação de nítida desigualdade, enquanto Devon se apressava a sugerir que o marido era quase um santo na disposição de agüentá-la.

– Não passo de uma grande megera protestante da classe privilegiada – ela me confessou antes. – Não sei como ele tolera isso.

Como muitas vezes ocorre, porém, os arranjos superficiais do casal eram tão enganadores quanto esclarecedores. Depois de alguns meses conversando juntos no consultório, a tolerância de Noah começou a dar lugar à irritação, e Devon, que se tornara menos disposta a culpar-se por tudo que dera errado no relacionamento, começou a falar do que não vinha funcionando muito bem para ela.

– Eu digo sempre a você que a amo – queixou-se Noah –, mas você quase nunca me diz o mesmo.

– Escute, admito que não seja tão expressiva quanto você – respondeu Devon. – Mas estou começando a achar que talvez a maneira como sempre explicamos tudo não é exatamente justa para mim. Desde que começamos a conversar, percebi que realmente quero uma coisa de você. Ainda não sei bem que coisa é essa, mas sei que não vou obtê-la de todas as suas declarações de que me ama. Quando você me diz como eu sou bonita, isso simplesmente não significa muito para mim.

– Como é possível "eu a amo" não significar nada? – perguntou Noah, frustrado.

– Talvez porque eu não sinta que você está falando mesmo sobre mim – respondeu Devon.

– Como é possível "eu a amo" não ser sobre você?

– Porque você nunca me faz perguntas realmente básicas, do tipo "Como vai você?". Porque pra você é mais fácil me dar brincos de diamantes do que tirar seus pratos da mesa, embora eu já tenha lhe pedido um milhão de vezes. Sabe o que mais? Você nunca usa meu nome, me chama de "doçura" e "querida", mas nunca "Devon". – Ela se calou por um instante e depois, suavizando a voz, acrescentou: – Eu acredito que você me ama, sim, mas às vezes acho que não me conhece de verdade. E, quando se trata puramente dessa questão, acho que preferiria que me conhecesse a que me amasse.

Este livro afirma que temos profundas e inatas capacidades de mudar e crescer e que a disposição de correr riscos criativos e partilhados com alguém que amamos e em quem confiamos intensifica essas capacidades. Mas não nos façamos de tolos – o casamento é difícil. E, se existe um único fator que torna os casamentos difíceis, é que eles se tornam cadinhos de nossa dor individual. Todos viemos de lugares de sofrimento e mágoa, e todos, de uma ou outra forma, recrutamos parceiros íntimos para suportar nos ombros o fardo de nossas próprias dores.

Noah e Devon não eram exceção alguma.

A mãe de Noah morreu de repente e inesperadamente de um aneurisma da aorta quando ele tinha treze anos.

– Foi no mês de agosto antes de eu entrar no curso secundário – ele nos disse. – Lembro que era um dia muito quente, e eu estava jogando beisebol mais adiante na rua com alguns amigos. Uma ambulância passou por nós, as sirenes ressoando, as luzes piscando e tudo o mais. Montamos todos nas bicicletas e fomos atrás a toda velocidade. Parou na frente de minha casa. Tinha um policial em minha porta, e ele não me deixou entrar. Dali em diante, as coisas ficaram meio nebulosas. Lembro deles saindo com minha mãe numa maca. Acho que me lembro do rosto pálido dela e tenho uma vaga lembrança de que fui no carro de polícia para o hospital. Com toda certeza me lembro do médico nos dizendo que ela tinha morrido.

"Nos dez anos seguintes eu me senti como um zumbi", continuou Noah, o tom uniforme da voz com um misterioso contraponto à gravidade do que dizia. "Meu pai era um cara legal, médico, excelente em seu trabalho, mas nunca soube bem o que fazer conosco, os filhos. Era minha mãe que mantinha tudo em ordem. Também trabalhava, mas era ela que preparava as refeições, punha a roupa para lavar, nos aconchegava, sabia quem eram nossos amigos – todas essas coisas. Não creio que chegamos a superar sua morte. Depois que ela se foi, minha irmã, meu irmão, meu pai e eu éramos como companheiros de quarto. Levantávamo-nos de manhã, comíamos uma tigela de cereal, preparávamos um sanduíche de manteiga de amendoim, meu pai saía para o hospital e nós, a garotada, íamos para a escola. À noite, um de nós pedia comida de um restaurante. Simplesmente deixamos de ser uma família."

A sensação de "zumbi", como descreveu Noah, continuou quando ele partiu para a universidade e depois durante toda a faculdade de medicina.

– Eu na certa me tornei médico porque meu pai era médico, não porque a medicina fosse minha grande paixão. Ao rever o passado, era quase como se apenas desse um passo após o outro.

Então, durante a residência, Noah e Devon foram apresentados por amigos em comum. Nunca havia sido sério nos relacionamentos, nunca havia pensado em ter uma família, no entanto, ele quis se casar com Devon no espaço de poucos meses após conhecê-la.

– Eu me senti vivo pela primeira vez desde que minha mãe morreu. Amava Devon tanto quanto já amei qualquer pessoa, acho que tanto quanto amei minha mãe. Mas, com o passar dos anos, percebi que ela não retribuía meu amor como minha mãe.

E Devon, ficou claro, vinha pagando um alto preço por não amar Noah como ele imaginava que a mãe o amara.

MANTENDO-NOS SEGUROS POR TOMARMOS UM AO OUTRO COMO CERTOS

Um misterioso aspecto da atração romântica é nos apaixonarmos por outras pessoas que são, para o bem ou para o mal, acomodações perfeitas para nossas fendas e vulnerabilidades mais profundas e ocultas. No princípio, o parceiro parece ser para o melhor. Se não tivemos pais sólidos e confiáveis, acreditamos que encontramos afinal um companheiro no qual podemos confiar. Se nos falta um certo senso de ânimo, nós o encontramos inteiro em nosso novo amor. Se somos desorganizados, achamos um amante que nos organiza. E por aí vai; todos esses contrapontos de aparência feliz e inesperada existem na natureza do que chamamos de "química". Então, à medida que o romance vai esmorecendo, e passamos a ver os parceiros sob uma luz cada vez mais humana e, como acontece muitas vezes, decepcionante, instala-se o "para o pior". Descobrimos a fragilidade sob a estabilidade dos amantes. Tomamos conhecimento da ansiedade que abastece sua vivacidade.

Percebemos a sua organização metódica que os fazem enfadonhos e controladores. Assim, e de várias outras formas, aprendemos que os principais aspectos positivos dos amantes são muitas vezes compensações para as deficiências, e com isso nossas almas gêmeas antes curativas parecem tornar-se, mais que antídotos para nossa dor, fontes dela.

E desse modo o amor nos apresenta um inexorável paradoxo: por um lado, a intimidade nos permite tocar um ao outro nas partes com maior necessidade de cura. Por outro, nos faz ferir mutuamente os pontos que menos podemos permitir que sejam feridos.

Pense no que aconteceu quando Noah conheceu Devon. Achou-a fisicamente linda, sem dúvida, e também afetuosa, divertida e confiável. Ali, imaginou, estava uma mulher a quem podia amar, que podia amá-lo e que podia confiar, não o abandonaria. Despertou do entorpecimento em que se envolvera desde a morte da mãe e aceitou correr o monumental risco de permitir-se querer e precisar de alguém, como há muito tempo não acontecia.

Mas, então, a realidade lastimavelmente interveio. O que Noah via como a força de Devon passou a encarar como distanciamento, e onde a julgava sólida começou a considerá-la impassível. Correra um risco por amar Devon e fora magoado, e com o passar do tempo, em grande parte sem admitir para si mesmo, ficou cada vez mais furioso e decepcionado.

Então, como o magoado Noah lidou com a dor? Fazendo uma coisa que todos nós fazemos, em maiores ou menores graus, quando o fascínio da idealização romântica começa a dissipar-se, e despertamos para o fato de que agora amamos e dependemos de uma pessoa da vida real que tem o poder de nos ferir. Transformou-a, nas palavras do psicanalista americano Stephen Mitchell, num "vício"[1]. Tomou-a como fato consumado, neutralizando assim, de forma sutil mas eficaz, seu eu separado, imprevisível (e portanto perigoso para ele).

E o fez da forma cotidiana que solapa tantos relacionamentos íntimos.

Apesar de toda a aparente abertura, de todos os protestos de amor, Noah era de fato tão reservado e fechado como a esposa, a que se auto-anunciara como "fria megera protestante da classe privilegiada". Embora ele afirmasse que a entendia, a verdade acabou sendo que não era muito bom em simplesmente prestar atenção ao que ela dizia sobre si mesma. Ele considerava-se aberto e sensível, mas era de fato bastante teimoso quando se tratava das coisas simples que a faziam sentir que o marido se importava com ela: melhor apoio em relação aos filhos, tirar a mesa depois de terminar e manter-se a par do que ela fizera durante o dia. E, embora cantasse com freqüência os louvores de Devon, um subtom implícito de crítica deslizava sob os floridos elogios; quando lemos as entrelinhas, ouvimos Noah descrevendo a esposa como uma mulher fria, tensa e não amorosa.

Noah passou a ver a esposa quase que apenas pela lente dos próprios desejos e medos. A suposição preventiva de que ela não podia amá-lo dispensava-o do risco de conhecê-la como pessoa real e separada – em outras palavras, diferente. Não surpreende o fato de Devon muitas vezes achar que o marido não a conhecia de verdade.

Entendendo a reserva de Devon

Nos primeiros meses de nosso trabalho juntos, tentei mostrar a Noah que ele tinha sua própria forma de "reserva", tão prejudicial a Devon quanto a dela a ele. Observei que o relacionamento com a mãe jamais fora reconfigurado pelo realismo que resulta de ver os pais com olhos de adulto; como, perguntei, poderia Devon competir com uma lembrança, sobretudo aquela, entesourada em estado de perfeição?

Mostrei-lhe os aspectos nos quais Devon tinha razão na afirmação de que, apesar de todas as proclamações de amor, ele não parecia conhecê-la muito bem. Todos nós vemos os companheiros através dos prismas de nossas próprias histórias, observei, mas ele precisava lutar mais ativamente para entender que a Devon da vida real era diferente da que construíra segundo seus desejos, medos e expectativas.

E, por fim, exortei Noah a tolerar melhor o arraigado medo da perda.

—Você teme que, se a deixar ser autêntica, e se você por sua vez for autêntico com ela, ela poderá magoá-lo – eu disse. – Se quiser senti-la mais próxima de você, terá de lidar com esse medo.

Noah achava irritante minha persistência unilateral, mas era sincero no amor pela esposa e preocupava-se em tornar melhor o relacionamento dos dois. Esforçava-se para livrar-se das suposições sobre Devon e ficar mais aberto às próprias vulnerabilidades e inseguranças. Devon, por sua vez, recompensou a disposição de Noah a ser mais honesto consigo mesmo colocando sinceramente o tema da "reserva" na mesa.

Devon, ficamos sabendo, tinha tanto motivo para temer ser magoada quanto Noah. De três filhos, ela era a única menina, além de a preferida do pai.

– Ele me trazia presentes quando voltava do trabalho para casa, me dizia que eu era linda, me punha na cama toda noite – ela disse. – Meus irmãos brincavam dizendo que meu pai me amava mais que a eles, e minha mãe se enfurecia com ele por me mimar, mas o mundo realmente parecia muito aconchegante quando eu era pequena.

Então, de forma dramática e inesperada, tudo mudou; quando Devon tinha treze anos, o pai deixou a mãe por outra mulher.

– Depois que meu pai foi embora, eu o visitei por algum tempo no fim de semana, de quinze em quinze dias, mas depois até isso terminou. A gota d'água aconteceu quando eu tinha dezenove anos e passava alguns dias em casa depois de chegar da faculdade. Caminhando pela cidade, vi-o de mãos dadas com uma menininha. Juro por Deus que por um momento senti que tinha saído do meu corpo, ao ver como éramos ele e eu antes. Acabei constatando que era a nova filha dele, de cinco anos. Tive vontade de chorar, mas só consegui me sentir totalmente humilhada e sair para comer o maior pote de sorvete que encontrasse.

E concluiu:

– A verdade é que o amor de meu pai não passava de um monte de papo furado. – Ele simplesmente nos trocou como um carro usado. Por isso reajo dessa maneira aos "Eu amo você" de Noah. Já faz quinze anos que estamos juntos, e continuo sem saber se posso acreditar que ele me ama de verdade.

Devon, como Noah, entrara no casamento machucada por uma perda de infância. E, como o marido, diminuiu o medo de ser ferida de novo escondendo-se por trás de suposições estrategicamente incorretas sobre o marido. Claro, Noah manteve a distância de forma complicada e prejudicial, mas também era em essência digno de confiança, amava a mulher e queria ser amado em troca. Concentrando-se nas proclamações de amor às vezes floridas e superficiais dele, ao mesmo tempo em que ignorava a decência e a vulnerabilidade por baixo, ela justificava sua reserva. Afinal, que grande tolice seria mais uma vez confiar num homem que afirmava amá-la, mas poderia com igual facilidade "trocá-la como um carro usado"?

O relacionamento de Noah e Devon organizara-se em torno do princípio de "Quem você não conhece não pode machucá-lo", com cada parte do casal adotando uma compreensão parcial e incorreta do outro, a fim de justificar o distanciamento dele ou dela. Se quisessem que as coisas melhorassem, os dois teriam de correr o risco de enfrentar um ao outro, como pessoas reais e separadas. Teriam de substituir o sistema seguro, mas fechado, que haviam criado pelo atrito criativo que resulta de nos arriscarmos a ser abertos, vulneráveis e honestos um com o outro.

MENTES CASADAS E CÉREBROS MUTÁVEIS: "A VIDA NOS ENSINA QUEM SOMOS"

Reconheçam e depois comemorem suas diferenças; em muitos aspectos, todo o empreendimento de crescer pela intimidade mais longa gira em torno desse princípio. Reconhecendo as formas como nossos amores diferem de nós mesmos (e, o mais importante, de nossas suposições e expectativas autoprotetoras), somos capazes de curar antigos ferimentos, para melhorar nosso relacionamento, além de mudar e estimular o eu de cada um.

Um volume cada vez maior de pesquisa recente fundamenta a afirmação de que crescemos por ser abertos às diferenças um do outro. No núcleo dessa pesquisa encontram-se algumas fascinantes descobertas sobre as mudanças fisiológicas que ocorrem no cérebro quando aprendemos.

Em 2000, o neurocientista Eric Kandel, da Universidade Columbia, ganhou o Prêmio Nobel de medicina por sua obra sobre o aprendizado de lesmas-do-mar[2]. Entre outras inovações, o trabalho de Kandel demonstrou que uma nova experiência (no caso das lesmas-do-mar de Kandel, um pequeno choque elétrico) leva a mudanças observáveis e permanentes nos sistemas biológicos que governam o saber. E embora devamos, claro, ser cautelosos na generalização de lesmas-do-mar para seres humanos, o trabalho de Kandel tornou-se um ponto central para um crescente volume de conhecimento relacionado a como aprendemos e lembramos. Não apenas como aprendemos e lembramos novas habilidades e novos fatos, mas como mudamos e crescemos nos níveis mais profundos do eu essencial[3].

Eis como.

Toda experiência pela qual a pessoa passa deixa uma marca no circuito da mente, os cerca de dez bilhões de células neurais com as quais nascemos[4]. Em termos metafóricos, o cérebro submete-se a um processo semelhante ao da água ao esculpir ranhuras na areia, ranhuras que por sua vez fazem filetes d'água posteriores fluírem no mesmo padrão[5] à medida que a mente vai colecionando uma biblioteca de experiências, alguns dos neurônios, e depois alguns grupos de neurônios, tornam-se programados para descarregar-se em padrões previsíveis, em reação a experiências semelhantes e conhecidas. Esses agrupamentos, chamados de "redes neurais", organizam e expressam as histórias mentais individuais e, portanto, o eu.

Vê-se esse tipo de aprendizado programado nas instruções e expectativas que Noah e Devon levaram para o casamento. Para eles, o amor levara à perda, e, tão logo se desfez a magia de proteção do romance inicial, o casal passou a sentir um ao outro por essa ranhura mental desgastada pelo tempo. Do mesmo modo que Kandel mudou literalmente a neurologia das lesmas-do-mar quando lhes ensinou que a uma leve cutucada se seguiria um choque elétrico (elas aprenderam a recuar do choque previsto, mesmo quando recebiam apenas a leve cutucada), a fiação das neurologias de Noah e Devon levaram ambos a supor que o amor os levaria à dor. Essa suposição fez com que os dois se recolhessem em suas conchas autoprotetoras e, depois, que cada um interpretasse o distanciamento do outro como uma prova a mais de que o amor sempre leva ao desgosto.

Tudo isso talvez pareça bastante desanimador. Se entramos no relacionamento programados para ver os parceiros pelos prismas distorcidos de nosso passado, como chegaremos a conhecer um ao outro? Como mudaremos algum dia? Por sorte, as fissuras no relacionamento podem transformar-se em oportunidades de relacionamento. Da mesma maneira que nossas dolorosas histórias são o principal culpado por tornar a intimidade um desafio de longo prazo, a intimidade de longo prazo, por sua vez, tem o poder de libertar-nos das garras dessas histórias dolorosas.

A fisiologia do novo aprendizado nos proporciona uma janela para ver como isso pode acontecer.

Embora toda experiência deixe alguma marca na mente apenas porque todas elas – na verdade, toda percepção, toda ação e todo pensamento – provocam o disparo de um neurônio ou padrão de neurônios, quando se trata de aprender, algumas experiências são "mais iguais" que outras. Repetidas experiências, com pessoas importantes e amadas, e as que ocorrem numa atmosfera de emoções carregadas demais, deixam marcas mais indeléveis no cérebro[6].

Parece conhecido? Os relacionamentos íntimos de longa duração têm muitas interações de exaltada intensidade emocional. Essas interações ocorrem repetidas vezes nos relacionamentos, à medida que as mesmas instruções mentais se repetem. E os relacionamentos íntimos ocorrem, é óbvio, com pessoas importantes e amadas. Some tudo isso e torna-se claro que as experiências ocorridas nos relacionamentos íntimos são justamente aquelas que levam à criação da maioria das trilhas neurais duradouras e influentes.

O aspecto negativo de tudo isso é que, quando repetimos nos relacionamentos as instruções antigas gravadas na mente, reforçamos velhos caminhos e padrões. Mas também há um importante aspecto positivo. O que acontece quando nos abrimos às formas com as quais nossos companheiros divergem daqueles velhos padrões? Quando experimentamos as formas como diferem de nossas arraigadas suposições e expectativas? Em termos simples, reprogramamos a fiação do cérebro, reescrevemos as velhas instruções, e assim nos transformamos e crescemos no nível mais profundo e mais pessoal de nosso eu.

Salman Rushdie escreve: "Nossas vidas nos ensinam quem somos"[7]. Essas palavras são a contraparte literária das do neurocientista Thomas Lewis, que escreve: "A experiência reprograma as estruturas microscópicas do cérebro – transformando-nos de quem éramos em quem somos"[8]. Noah e Devon estavam feridos, sem dúvida, mas na dor também tinham a oportunidade de aprender e crescer com as formas exatas a que se referiram Rushdie e Lewis; mudando o relacionamento, poderiam mudar o cérebro um do outro[9], e assim também mudar o eu um do outro[10].

Noah e Devon: Um exercício de verdadeira intimidade

Noah e Devon fizeram essas mudanças trocando a segurança das acomodações estabelecidas pelo risco de serem autênticos um com o outro. Aprenderam a ver-se mutuamente com mais exatidão e depois usaram essa recém-descoberta percepção para substituir as antigas instruções relacionadas a perda e traição por outras novas, associadas a esperança e confiança. E fizeram tudo isso interagindo nos pontos mais íntimos e vulneráveis.

Da mesma maneira como aconteceu com Michael e Susan, grande parte dessa interação ocorreu na cama.

Quando se tratava de sexo, Noah era, como em outros aspectos, uma complexa mistura de idealização e crítica. Por outro lado, exprimia-se em termos arrebatados sobre como achava Devon linda e excitante, mas ao mesmo tempo criticava sutilmente a mulher, insinuando que ela era indiferente em termos sexuais. De maneira típica, expressava as queixas na solidariedade e preocupação ("Deve ser difícil para ela ser tão desligada de si mesma no sexo."), mas a essa altura Devon deixara para trás a idéia de que era uma "fria megera protestante da classe privilegiada" e não engolia mais isso.

– Ele sempre parece fazer tudo certo – ela se opôs, elevando a voz, irritada. – Quando se trata de sexo, é sempre sobre o que eu quero, o que é gostoso para mim, como se ele fosse um amante abnegado. Admito, ele se preocupa, sim, com o que é bom para mim sexualmente. Mas o sexo parece anti-séptico... às vezes sinto que seria melhor ele escovar meus dentes. E essa história do meu suposto corpo maravilhoso, ora, sou uma mulher de quarenta e cinco anos, com dois filhos, e os seios perfeitos sobre os quais ele fala são coisa do passado.

— Às vezes eu não tenho a menor idéia do que você quer — rebateu Noah.

— Como pode transformar meu interesse pelo que é bom para você numa coisa ruim?

— Porque não sinto que você está presente emocionalmente — respondeu Devon, mantendo-a calma. — Quando se trata de sexo, acho que sua mente acompanha seu corpo. Para mim, é o contrário... meu corpo acompanha minha mente. Preciso confiar em você para o sexo ser bom e sentir que conhecemos um ao outro se vou confiar em você.

Mais uma vez, a questão de nos conhecermos uns aos outros como pessoas reais e separadas passava para o primeiro plano. Quando se referia ao sexo, Noah tratava Devon como Pigmalião[11] a Galatéia; como, em grande parte, uma construção de sua própria mente. E assim que Devon sentia a retirada do marido, também se retirava. Sugeri um exercício.

— Que tal, na próxima vez que fizerem amor, você prestar tanta atenção ao que se passa na mente de Devon quanto no corpo dela? — propus, falando direto com Noah. — Isso talvez pareça meio antiquado, mas e se tentar lembrar que, quando ela era menina, o pai a deixou? E se fizer questão de lembrar a si mesmo que ela é menos fria do que assustada?

— É antiquado, mas parece certo — respondeu Noah. Então, após uma pausa momentânea, acrescentou: — Mas posso interromper essa sua terapia unilateral com um pedido?

— Bastante justo — ri, apreciando o tom um tanto provocante de Noah.

— Que tal a sugestão valer para os dois lados? Que tal se ela lembrar que minha vida não foi tão fácil quando eu era criança e que preciso de um pouco de amor e compreensão também?

Fizemos um trato, e nos vários meses seguintes Noah e Devon aproveitaram a ocasião para recolher-se à noite e continuar as conversas começadas em meu consultório. Falavam sobre a infância dos dois, sobre o que realmente queriam um do outro e sobre a sensação de baixarem a guarda. Sobre mal-entendidos que haviam tido durante a semana.

Conversavam também sobre assuntos triviais – o que haviam feito durante o dia e o que os filhos andavam aprontando. Como uma espécie de despedida do que ocorria no consultório, conversavam deitados nos braços um do outro. Achavam essas conversas excitantes, mas também um pouco perigosas.

– Quer saber o mais estranho em tudo isso para mim? – perguntou Noah, várias semanas após o início desse divertido ritual. – Como é diferente o sexo. Sempre gostei de sexo, mas de certo modo, como tudo mais na vida, sempre me mantive meio fora de mim mesmo, observando. Agora, quando fazemos amor, sinto a pele dela, o jeito dela se mexer, a respiração; às vezes a sensação é quase como se ela fosse real demais.

– Real demais? – perguntei.

– É. Então, o que pretendo dizer com isso? Acho que me dou conta de que eu poderia perdê-la. Que ela vai morrer um dia. Deus do céu, que coisa mórbida.

– Na verdade, não. É mais provável o que você disse antes… "real" – respondi.

– Eu me sinto como se tivéssemos saído de Pigmalião para *The velveteen rabbit* (O coelho de veludo) – riu Devon, referindo-se à história infantil de um coelho de pelúcia que fica esfiapado, mas "real", em virtude do constante amor do menino, seu dono. Depois ela continuou, o tom tornando-se mais pensativo: – Gosto de ser real na mente dele, venho pedindo isso. Mas estou assustada também. Sinto o receio repetido de que Noah vá me trocar como fez meu pai.

Perguntei-lhe o que ela queria dizer.

– Parte de mim começa a confiar nele, mas a outra parte de mim diz: "Aqui está ele, esse cara legal, pediatra bonitão, muito bom de papo. Que é que vai impedi-lo de simplesmente arranjar outra, nova e melhorada?" – Virando-se para o marido, continuou: – Por que você não ia preferir uma pessoa nova e tranqüila a alguém que tem toda essa bagagem amarrada?

– Porque eu amo você – respondeu Noah.

Desconfortável, Devon mudou de posição. O "eu amo você" não acertara o alvo.

– É aí que você a perde – interferi. – É sincero no que diz, mas ela não confia muito nisso. Lembre-se, ela está em busca de uma coisa diferente dessas declarações de amor.

– Venho trabalhando nisso – respondeu Noah. – Mas de fato também tenho uma queixa em toda essa história. Gosto de dizer a Devon que a amo. Gosto de achá-la linda. Não faço isso só para ela, faço para mim. Não posso mais dizer essas coisas?

– Talvez eu tenha de trabalhar a idéia de deixar que você se sinta assim – ela respondeu, após uma breve pausa. Depois acrescentou com ironia: – Cara, é realmente sensacional trabalhar para deixar meu marido dizer que me ama. Toda mulher devia ter problemas como o meu, certo?

Com isso, a voz de Devon ficou séria.

– Parece bobagem, mas você ainda me assusta quando você diz que me ama. Menos do que antes, mas ainda me assusta. Mas talvez isso continue mudando. Talvez, quanto mais eu acreditar que você me conhece, mais acreditarei que não vou me estraçalhar quando me põe nesse pedestal.

Em seguida a essa sessão, Noah, Devon e eu nos encontramos durante mais alguns meses. Nossas conversas concentravam-se em como o medo partilhado deles lhes moldara a mente e o relacionamento. E conversando sobre esse medo pensamos juntos sobre qual seria o desafio central do envelhecimento criativo: como encontrar sentido não apesar das restrições e limitações que governam nossas vidas, mas por meio delas. O pior medo de Noah e Devon acabaria por ser compreendido: quando se trata de amor e relacionamentos, a permanência é uma ilusão; todo amor termina em perda. A solução, portanto, não está em tentar evitar a perda, mas em aceitar sua eventualidade, a fim de melhor apreciar os momentos que temos.

Eis o que Devon tinha a dizer em nossa última sessão:

– Outro dia, saímos para tomar um sorvete, só os dois para variar. Seguíamos a pé pela rua, Noah tomou minha mão, e de repente me surgiu como um clarão na mente aquela vez que vi meu pai com a nova filha. Pensei em como tudo pode ser tirado da gente sem qualquer aviso. Mas também pensei em Noah e percebi que confio nele.

– Na certa chorei mais nos últimos dois anos que no tempo todo desde que tinha vinte, – continuou – mas também acho que estou aprendendo ser menos assustada.

ALGUNS PASSOS PRÁTICOS PARA UM EU MAIS FORTE (E MENOS EGOCÊNTRICO)

Crescemos pela vontade de tocar, às vezes até colidir com o eu da vida real dos companheiros. Reconhecendo e depois apreciando o jeito pelo qual os amantes diferem de nossas suposições e expectativas, aprendemos a reescrever roteiros antigos e autoprotetores, e desse modo nos modificamos nos pontos mais machucados, mais enclausurados e mais necessitados de mudança. Nossos cônjuges, se nos abrirmos com eles, nos ensinam quem somos, e o maior conhecimento de nós mesmos, por sua vez, ajuda a nos tornarmos pessoas melhores.

Noah e Devon, como a maioria dos casais descritos neste livro, melhoraram com a ajuda da terapia. Para repetir uma afirmação anterior, porém, por terapia quero dizer uma lente, não uma personagem central. Você não precisa necessariamente estar em tratamento para tornar sua vida melhor. Mas se está ou não, precisa buscar, com persistência e por iniciativa própria, os mesmos princípios básicos de mudança.

Eis algumas diretrizes que podem ajudar-nos a reconhecer, e depois comemorar, as diferenças.

- **Conversar com o outro. Realmente conversar com o outro.** Às vezes aprendemos mais da conversa com alguém durante três horas num avião que quando conversamos com os cônjuges, apenas porque tiramos o tempo para realmente conversar e ouvir. Portanto, conversem um com o outro como se não se conhecessem (o que em última análise é o que acontece) e continuem fazendo isso ao longo de seu relacionamento.

- **Quando se trata de conversar, procure levantar questões quando vão *bem*.** Conversar apenas quando as coisas estão difíceis é um dos erros mais comuns que fazemos em nossos relacionamentos. Quando as coisas estão bem, muitas vezes não trazemos à tona assuntos difíceis porque não queremos balançar o barco. Mas as boas fases são na verdade a melhor época para conversar. Quando nos sentimos bem um com o outro, dizemos o que temos de dizer de modo pensado e também conseguimos ouvir um ao outro melhor.

- **Tenha consciência dos pontos em que você é frágil e vulnerável e saiba que, quando fala desses pontos, é improvável que esteja em seu melhor eu.** E, quando esbarrar nesses pontos mais frágeis e vulneráveis do companheiro, estenda-lhe a mesma ternura que gostaria que estendessem a você.

- **Aprenda a reconhecer seus próprios roteiros familiares.** Seja claro sobre a forma como supõe que o parceiro se encaixa nesses roteiros e então passe a conhecer as formas como ele ou ela na verdade diverge de suas expectativas e suposições.

- **Conheça as "proibições" comuns do relacionamento:** exteriorização, culpa, desabono, racionalização e até idealização. Entenda que cada uma dessas ações enfraquece o relacionamento, permitindo que nos tornemos companheiros acomodados.

- **Divirta-se com o desconhecimento do parceiro.** Se apreciarem o fato de que existem inúmeras coisas que vocês não conhecem um do outro, seu relacionamento jamais se deteriorará.

E se precisar tomar a iniciativa na esperança de que o companheiro siga o exemplo:

- **Não analise o parceiro;** em vez disso, concentre-se no quanto não conhece de si mesmo.

- **Substitua o julgamento por generosidade.** Não julgue, ponto final.

- **Mais uma vez, dê o exemplo.** Modele e espere o companheiro fazer o mesmo.

- **Por fim e acima de tudo, não tente mudar o companheiro;** em vez disso, aceite o risco supremo do amor: permita-se mudar a si mesmo.

Comemore as diferenças. Se fizer isso, talvez descubra, para sua grande surpresa, que duas das pessoas mais interessantes que conhecerá nos anos avançados são pessoas que julgava já conhecer: seu cônjuge – e a si mesmo.

Uma nota final.

Como ocorre com cada uma das oito resoluções esboçadas nestas páginas, as diretrizes acima se destinam a nos ajudar a construir um espaço partilhado e privado no qual podemos crescer e mudar por meio do criativo atrito da intimidade. Destinam-se a nos ajudar a nos tornarmos pessoas melhores.

"Nos ajudar a nos tornarmos pessoas melhores." Agora parece um bom momento para rever a premissa de que "fazer os relacionamentos trabalharem para nós" não é uma ambição egocêntrica. Na verdade, os melhores relacionamentos íntimos de longo prazo são poderosos antídotos para o narcisismo.

Eis como.

O narcisismo envolve o encobrimento de sentimentos de impotência, incompetência e vergonha com os irritantes (para os outros) sintomas de onipotência, reivindicação, arrogância, controle, culpa, queixa e desabono. Esses sintomas permitem-nos desviar a responsabilidade por nossas dificuldades e decepções ("Não é minha culpa o fato de nosso relacionamento estar mal, é sua"), criar uma sensação falsa, mas tranqüilizadora de auto-estima ("Eu sou especial, embora ninguém pareça reconhecer isso") e nos recobrirmos com uma sensação tranqüilizadora, mas ilusória de onipotência e controle ("Claro que tenho razão sobre o que está acontecendo entre nós; afinal, sou psicólogo").

O narcisismo, em suma, nos permite permanecer num trono de três pernas de grandiosidade e egocentrismo, num esforço para mascarar sentimentos profundamente arraigados de ser desprezível e detestável.

Mais que quaisquer outros meios existentes, os relacionamentos de longa duração podem aparar o egocentrismo autodestrutivo do narcisismo.

Quando nos descontraímos, nos recostamos, nos soltamos

e nos dispomos a revelar um ao outro as camadas mais vulneráveis de nós mesmos, encontramos, pelas mútuas realidades separadas e não negociáveis, verdades fora do nosso controle. Quando somos expostos a essas verdades num ambiente de generosidade e compaixão (como ocorre num relacionamento confiável e amoroso), aprendemos a apreciar o fato de que o mundo não é apenas nossa ostra pessoal. Um bom relacionamento, portanto, pode servir como um tipo de "realidade com rodas de treinamento"; quando nos disciplinamos implacavelmente para reconhecer as diferenças um do outro e quando depois nos desafiamos a comemorar essas mesmas diferenças, podemos nos desfazer da idéia de que o subjetivo – como desejamos que as coisas sejam – deve sobrepujar o objetivo – como as coisas de fato são.

"Fazer nossos relacionamentos trabalharem para nós", por conseguinte, não é um exercício de narcisismo. É um exercício de alto risco e alta recompensa na construção de um eu mais centrado e menos egocêntrico.

Dois filhos e cinco quilos

– Tem certeza que deseja isso?

Tão logo proferiu as palavras, Kurt quis engoli-las de volta. Mas não haveria volta atrás nas palavras nem no tom; o rubor no rosto de Megan deixou claro que ela ouviu a reação dele ao *sundae* que ela pedira.

O rapazinho atrás do balcão terminou o pedido dos filhos do casal e perguntou se ela queria creme batido com o *sundae*.

– Sabe, acho que não quero nada, pensando bem – respondeu Megan, num tom de rígida formalidade, do jeito que sempre era quando tentava não revelar-se magoada. – Vou querer só um copo d'água, por favor.

– Tome o *sundae* – insistiu Kurt. – Você pode dar conta. Além disso, não tenho nada a ver com isso.

– Você tem razão, não preciso – ela respondeu, mas ele sabia que a única parte sobre a qual ela o julgava ter razão era "não tenho nada a ver com isso".

– Sinto muito mesmo – disse Kurt mais tarde naquela noite, quando estavam deitados um de frente para o outro na cama. – Não devia ter dito aquela coisa sobre o sorvete. Mas talvez pudéssemos passar a vigiar o que comemos.

– Não me venha com essa bobagem de que "só estou tentando ser útil", Kurt – disparou de volta Megan. – Sabe quanto engordei desde o dia em que nos conhecemos? Cinco quilos. Isto é, dois quilos e meio para cada filho. Para cada um dos seus filhos, aliás.

Cinco quilos? Só isso? Sem dúvida parecia mais. Ele sentia saudade de como era o corpo dela antes do nascimento dos filhos, o jeito como os ombros pareciam pequenos e leves em suas mãos. Agora eram fortes, sobretudo devido à ioga, imaginava, mas, mesmo que ela continuasse em boa forma, alguma coisa diferente dos "cinco quilos" no corpo dela simplesmente não se explicava.

Kurt tornou a olhar a mulher, e ela viu o olhar.

– Dois filhos e cinco quilos – ela disse. – Dois filhos e cinco quilos. Gostaria de saber como ficaria você se tivesse dois filhos?

Kurt calou-se. Sabia que a esposa tinha razão; o cuidado que tinha com o corpo e a escolha da comida não eram mesmo da sua conta, de qualquer modo. Mas, embora parte da mente o mandasse deixar pra lá, outra o mandava insistir com mais veemência possível numa coisa realmente grande que estava em jogo, apesar de ele não saber bem qual era.

– Não acha justo nos ajudarmos em coisas assim? – ele perguntou, hesitante. – Não me incomodaria se você quisesse que eu ficasse em forma.

Megan recusava-se a tolerar isso.

– Não, Kurt, não acho. Em primeiro lugar, a idéia de poder falar de um assunto supostamente bom para você não passa de papo furado. O que acontece quando eu digo que acho que você dirige rápido demais? Age quase como se eu o estivesse castrando. E não me diga que o seu comentário tem a ver com ajuda. Tem a ver é com a comparação que você faz de mim com a sua mãe pela décima milionésima vez.

A menção da mãe abalou-o. Percebeu que ela estivera estranhamente ausente de sua mente durante toda a conversa; "estranhamente" porque parecia óbvio que conversar com a esposa sobre comida e peso o levaria de volta à mulher que na certa fora uma ótima mãe até os cinco anos dele, mas então parecera desistir da vida. Com ela, era mais um caso de quatro filhos e sessenta quilos, pensou, com ironia. Quinze quilos por filho. E não era apenas o peso. Ainda a via sentada no sofá, vendo televisão com aquela camisola reta até o meio-dia, as feridas induzidas pela diabetes desabrochando nas pernas.

Kurt olhou a mulher e sorriu. Ocorreu-lhe que talvez a conhecesse bem demais para chegar a vê-la com verdadeira clareza, mas alguma coisa no retratá-la ao lado da mãe punha-a mais em foco. Na verdade, aprendera que tinha de ficar de olho no lugar onde punha a mãe na mente: quando a perdia de vista, ela parecia ganhar vida na esposa, e então ele se tornava o pé-no-saco controlador e administrador meticuloso de que ela se queixava.

Megan soube pelo sorriso dele que ganhara uma posição segura e aprofundou-se mais:

— Lembro quando a vi pela primeira vez. Lembro que pensei naquele velho ditado que os caras procuram se casar com as mães. Eu me perguntei o que você veria em mim para fazê-lo lembrar-se dela.

— Sei que você não tem nada igual a ela — disse Kurt. — Graças a Deus. Escute, lamento tanto aquela besteira hoje cedo.

— Não se preocupe. Às vezes eu confundo você com meu pai.

— Quer dizer, o astuto vendedor que tentou se esquivar de mansinho do pagamento pelo seu casamento?

— Exatamente — respondeu Megan, rolando para o outro lado e apagando a luz do abajur.

(APÍTULO 3

FAZER SEXO DE VERDADE

Jeremy e Margaret, casados há dezenove anos, vieram conversar comigo para aprender a "comunicar-se melhor". Quase todo o trabalho que fizemos foi muito básico. Escutar com mais cuidado. Falar de forma mais direta. Falar dos próprios sentimentos. Não criticar. Não interpretar. Não julgar. O casal tinha um sólido relacionamento, empenhava-se em tornar as coisas melhores, trabalhava na conversa um com outro, e após uns seis meses sentiram que haviam obtido a ajuda desejada.

— Mas talvez, antes de pararmos, pudéssemos apresentar uma última coisa a ser orientada por você — pediu Margaret, falando com uma timidez nada típica.

— Claro — respondi, ansioso por ouvir.

— Podemos falar sobre sexo?

— Com toda certeza.

Jeremy e Margaret trocaram um olhar nervoso, e então ela começou:

— Eu acho que temos uma ótima vida sexual; e Jeremy também acha. Mas outro dia estávamos conversando, e, bem... a gente tem a impressão de que hoje todo mundo anda fazendo tudo e qualquer coisa com todo mundo. Ambos éramos adolescentes na década de 1970, mas agora é diferente. Até a garotada... nosso filho mais velho cursa a oitava série, e parece que alguns de seus colegas de turma já têm relações sexuais. Isso é verdade mesmo?

Eu disse a Jeremy e Margaret que o cenário sexual para os jovens no início da adolescência sofrera de fato um grande abalo — até os que ainda não tinham vida sexual achavam-se muito mais imersos numa cultura de sexualidade explícita do que acontecia quinze, até dez anos antes. Eu quis saber o que isso significava para eles.

— Nossa vida sexual é ótima — confirmou Jeremy. — Mas noto o que todos os demais parecem estar fazendo, e às vezes... sei não... parece que anda rolando uma grande festa aí e somos os únicos não convidados. Estaríamos perdendo alguma coisa?

Jeremy dificilmente é o único que se sente deixado de fora da festa. Hoje a impressão é de que todo mundo anda tendo sexo ensandecido e sensacional, e sem parar. Um exame mais a fundo, porém, nos diz que a festa, se é que existe alguma, é muito menos divertida do que parece.

Comecemos com o exemplo um tanto chocante mencionado por ele: nossos filhos. Sexo oral e mesmo a relação em si são na verdade práticas comuns entre os jovens de catorze, doze anos e até muito mais jovens. O fato de essas crianças serem tão jovens é perturbador[1], mas, embora essas práticas sexuais precoces sejam reconhecidamente "criadoras" de manchete, não são o único, nem sequer o maior, problema. É ainda mais perturbador saber o que os adolescentes sentem em relação ao sexo: "Não passa de uma coisa a fazer", dizem, sobretudo quando se referem ao sexo. "Não significa nada."

Como sugerem os termos "amizade colorida" e "ficar", o sexo para muitas crianças tornou-se um ato descompromissado e impessoal.

Os adultos, enquanto isso, são de forma semelhante importunados por sentimentos de desligamento sexual. Maridos e mulheres muitas vezes se decepcionam com os parceiros; a cirurgia plástica e a dedicação ao bom condicionamento físico não nos dão um corpo atraente o bastante; dependemos de Viagra, cirurgia de aumento do pênis e outras formas de tecnologia sexual para garantir a potência e o desempenho, e os "viciados em sexo" (para usar o linguajar agora comum) são impelidos de uma experiência sexual a outra sem jamais se saciar.

Quando conversamos de fato com as pessoas sobre sua vida sexual, fica claro que muitos de nós não nos sentimos particularmente felizes ou satisfeitos.

É na verdade possível sentir-se alienado e infeliz em termos sexuais quando vivemos numa sociedade em que os anúncios, televisão, revistas, cartazes, filmes, a Internet e a indústria de pornografia de multibilhões de dólares, cada vez mais predominantes, nos dizem que podemos e devemos fazer sexo sempre e da maneira que quisermos – uma sociedade sempre sugerindo que o sexo sensacional freqüente é um direito, e se o estamos perdendo, bem, várias outras pessoas invejáveis não estariam também?

Não apenas é possível, mas inevitável. Eis por quê.

Para início de conversa, há a questão da grande quantidade de mensagens sexuais que nos circunda. Talvez acreditamos que estamos habituados a esse ambiente hipersexual, mas pode-se entender com mais precisão o que julgamos ser acomodação como resultado de nossas mentes estarem entorpecidas para nos proteger de uma avalanche excessivamente estimulante. Esse entorpecimento lembra um pouco a experiência das vítimas de abuso sexual: o sexo para elas é muitas vezes assustador e invasivo, mas também, com muita freqüência, descomprometido e sem prazer. Como me disse uma mulher: "A pior coisa que meu pai fez quando me violentou foi ter roubado minha sexualidade. Quando faço amor com meu marido, me sinto como uma zumbi".

Dizer que nos tornamos uma nação de zumbis sexuais na certa é ir longe demais, mas dizer que estamos nos tornando entorpecidos pelo excesso de estímulo sexual, não.

Depois há a questão de qual tipo de sexo nos circunda. Uma enorme lacuna abre-se entre o sexo "formidável" que todos devíamos estar fazendo e o sexo de verdade que na realidade somos capazes de fazer. Assim como as inacessíveis imagens de atração física que nos rodeiam, muitas vezes, nos deixam infelizes com nosso corpo e com o dos companheiros, a mensagem de possibilidade sexual ilimitada de nossa cultura pode alienar-nos daqueles mesmos companheiros e, num nível mais profundo, de nosso próprio eu sexual.

A liberdade e a permissividade sexuais, em que nós da geração do pós-guerra nos deleitamos antes, evoluíram para uma cultura sexual que agora, ironicamente, nos acorrenta e oprime[2].

Existe alguma saída dessa desordem?

Mais uma vez, os relacionamentos íntimos duradouros podem nos oferecer uma solução; neste caso, a oportunidade de encontrar e prolongar a sexualidade diante do que vem se tornando com rapidez uma epidemia de falta de sentido e desligamento sexuais.

Fazer sexo de verdade. Esta é a terceira resolução. O sexo com alguém que conhecemos e que por sua vez nos conhece; com alguém cuja identidade separada e diferenças reconhecemos e apreciamos; sexo num relacionamento íntimo de longa data – sexo como esse pode nos ajudar a encontrar e conservar o eu sexual saudável. E, até mais impressionante, pode fazer isso numa sociedade que nos aliena de tudo o que é bom e importante no sexo.

DAN E MELISSA JACOBSON

– Não queremos levar isso adiante para sempre – disse Dan Jacobson. – Não precisamos entender muita coisa, precisamos, acima de tudo, apenas decidir se devemos ou não partir para o divórcio.

Dan parecia estar em meados dos cinqüenta anos. Usava um impecável terno sob medida, que acentuava o corpo ainda bem musculoso. Os cabelos, penteados com todo esmero, raleavam, embora se notassem com facilidade as reveladoras mechas de fios transplantados. Embora não fosse jovem, exibia óbvia e excelente forma física.

A mulher dele, Melissa, assentiu com a cabeça, menos por concordar que por cansado reconhecimento. Parecia ser a ordem do marido, não dela.

Virei-me para Melissa.

–Você faz o mesmo questionamento?

Ela desviou o olhar de Dan, a quem vinha encarando com intensidade, para mim. Também vestia roupas caras, embora parecessem em conflito com a aparência exterior, como se usasse um uniforme familiar, mas de algum modo desconfortável.

– Para mim, sempre foi uma questão de saber se seria ou não capaz de fazer Dan feliz – ela respondeu, após uma breve pausa. Depois, fazendo uma careta para as próprias palavras, acrescentou: – Nossa, mas como isso me faz parecer patética. É que, quanto mais faço o que posso, mais sei que não vai ser bom o suficiente, e tento não me preocupar demais com isso.

– Você sabe mesmo antes de começar que o que fará não vai ser bom o suficiente? – perguntei.

– Sei. Pelo menos quando se trata do motivo de estarmos aqui. – Melissa lançou um olhar cauteloso ao marido. – Quase tudo isso... não, tudo isso... tem a ver com o sexo. Ele está muito insatisfeito com nossa vida sexual. Sentiu-se assim durante todos os vinte e cinco anos que estamos casados.

– É muito tempo – observei.

– Ela tem razão – acrescentou Dan, num tom resignado.

– Então, se isso acontece há vinte e cinco anos, qual a pressa para tomar uma decisão? – perguntei.

– Bem – ele respondeu –, eu não estou exatamente ficando mais jovem. Mas acho que estamos aqui porque devemos conversar sobre estas coisas com a orientação de um especialista.

Dan e Melissa de fato deviam um ao outro algumas conversas ponderadas. Não obstante a intimação de divórcio de Dan, os vinte e cinco anos de casamento haviam sido muito bons. O casal tivera uma filha, que se diplomara recentemente na faculdade. Apoiaram um ao outro na formação de carreiras bem-sucedidas; Dan fizera parte da fundação de duas empresas de alta tecnologia que se iniciavam, e Melissa dirigia a própria agência de empregos. Ele, apesar de todas as queixas relacionadas a sexo, fora fiel a ela ao longo dos anos e apreciava a mente dela ("considerado-a muito mais inteligente que eu"), como mãe ("é muito mais atenciosa do que eu") e o senso de humor ("às vezes a gente simplesmente não consegue parar de rir").

Melissa, por sua vez, achava que Dan era seu melhor amigo.

– Sou tímida – disse – e ele é de fato a pessoa mais íntima que eu tenho. Quase sempre púnhamos de lado esse negócio de sexo e nos dávamos bem – explicou. – Mas também, a cada dois meses, Dan me diz que não pode continuar assim. É como o cometa Halley, só que mais freqüente. O que ocorria era que, quando ele começava a falar de divórcio, eu chorava sem parar durante dias, mas quase já me habituei a isso.

Dan, Melissa e eu passamos a nos encontrar uma vez por semana. Na maioria das conversas ele era um homem razoável, mas, quando o assunto mudava para sexo, caía em cima de Melissa devido às infindáveis queixas. Primeiro, havia a questão do corpo dela; não trabalhava com suficiente esforço para manter-se em forma. Depois a qualidade dos orgasmos; fazer amor tinha de ser sempre uma experiência "máxima", segundo ele. E havia a questão da variedade; Melissa não era aventureira o suficiente, tinham de ver pornografia juntos e experimentar as posições que os profissionais usavam. E, claro, depois havia o problema da freqüência; quatro ou cinco vezes por semana, na avaliação dele, não era de jeito nenhum o bastante, mesmo para um casal de cinqüenta e cinco anos.

A princípio, ouvi com toda paciência a ladainha das exigências de Dan. Observava-o ficar cada vez mais contrariado ao relacionar suas queixas, e via os olhos vidrados de Melissa sobre o que eu imaginava ser a enésima vez no relacionamento. Perguntava-me em silêncio sobre o conteúdo das necessidades que pareciam não negociáveis de Dan, imaginando que talvez refletissem lutas com a masculinidade, com os sentimentos em relação ao envelhecimento, com o medo de ser vulnerável, mas afastei esses pensamentos; imaginei que só o fato de partilhálos já o faria sentir-se na defensiva. Em vez disso, perguntei-lhe sobre um elemento menos óbvio de frustração:

– Dan – disse, esperando que minha voz fosse firme o suficiente para interromper o fluxo imaterial e ritualizado das queixas. – Entendo que se trata de coisas que você sente que realmente precisa. Mas está falando de sexo com outra pessoa. Melissa. Onde se encaixa a maneira como ela se sente e o que ela quer em tudo isso?

– Eu presto muita atenção ao que a faz sentir-se bem – ele respondeu, na defensiva.

– Não estou falando do que é bom para o corpo dela. Mas para ela como pessoa.

Para minha surpresa, Dan ficou muito pensativo, e quando respondeu, o tom da voz pareceu mais empenhado:

– Não tomo tanto conhecimento dela como pessoa quando fazemos sexo. É como se eu ficasse num estado de espírito diferente do que em outros momentos no relacionamento.

Muitas vezes, durante os primeiros meses do que se tornaria uma terapia de dois anos, as sessões seguiram esse mesmo esquema. Dan queixava-se do sexo, e Melissa ficava sentada em silêncio; um homem recitando um evangelho tão conhecido que quase se perdia o sentido. Após alguns minutos, eu interrompia a reprimenda dele:

– Sabemos de tudo isso – dizia, firme, porém meio impaciente. – Mas escute, o sexo é sempre um reflexo íntimo de quem uma pessoa é, suas lutas e soluções. Eu gostaria de saber o que significa tudo isso em relação a você?

Com a interrupção, o tom e a atitude de Dan mudavam, e ele falava com surpreendente abertura da obsessão com sexo e com o corpo. Falava que corria, fazia dieta e levantava pesos. Que tomava suplementos vitamínicos para aumentar a massa muscular. Que se masturbava todo dia, sempre se olhando no espelho, à procura de imperfeições. E dizia que tomava Viagra para intensificar a sensibilidade sexual, embora jamais houvesse tido qualquer disfunção erétil.

Cada vez mais, porém, as obsessões de Dan foram deixando de dar-lhe satisfação, tanto que até ele começou a cansar-se das queixas. Por volta do terceiro mês de nossas sessões, disse:

– Às vezes eu gostaria que Melissa simplesmente me detivesse. Quando tenho uma dessas irritações, nem sequer penso no que estou dizendo. É como se sentisse necessidade de todas essas coisas que venho pedindo para apenas ficar bem.

– Ficar bem?

– É. Não sei bem o que quero dizer com isso, mas é assim que me sinto.

A abertura dele permitiu a Melissa entrar mais inteira na conversa.

– Sei que isso vai aborrecer Dan – ela disse –, mas o sexo na verdade não me interessa mais. Ele faz tanto esforço para torná-lo bom para mim, tenho orgasmos na maioria das vezes, mas para mim sexo é na certa a parte menos importante do relacionamento. É como uma coisa que dou a ele, enquanto vivo minha vida real em outro lugar.

Não era de modo algum "patética", como receava parecer.

Era uma mulher inteligente e forte e, em contraste com o marido, entendia o que estava por trás de suas acomodações há muito tempo existentes. Os pais viviam criticando-lhe cada defeito, cada quilo extra, cada nota inferior à máxima. Com o tempo, ela aprendera a esconder-se das críticas de forma muito semelhante à como agora se escondia das do marido; dava aos pais o que eles queriam, mantendo ao mesmo tempo os pensamentos e os sentimentos mais pessoais privados. E agora, no relacionamento com Dan, construíra um sistema de troca de igual complexidade. Tentava dar ao marido o que ele queria, sabendo ao mesmo tempo que o que oferecia não era ela de verdade.

– Por fim, quando cheguei aos cinqüenta anos, decidi que estava ótima – disse. – Não perfeita, mas boa o suficiente. Foi um senhor acontecimento. Seria maravilhoso sentir que também era boa o suficiente para Dan, mas me resignei a não conseguir isso. Ele na verdade não sabe quem eu sou em matéria de sexo, portanto suas críticas de fato não me atingem.

As palavras dela calaram fundo em Dan. Ele percebeu que a estava perdendo e, para cúmulo de tudo mais, vinha-se tornando cada vez mais infeliz consigo mesmo.

– Acho que tenho de lidar com tudo de forma diferente – ele disse. – Mas, para ser franco, venho agindo assim há tanto tempo que na verdade não sei como mudar.

O QUE É SEXUALIDADE SAUDÁVEL?
(RESOLVENDO O DILEMA DE POTTER STEWART)

Para melhorar o relacionamento sexual de Dan e Melissa, ela precisava arriscar-se a tornar-se sexualmente mais aberta com o marido. Para Melissa correr esse risco, Dan precisava tornar-se menos controlador e obsessivo. E, para fazer essa mudança, ele precisava estabelecer um relacionamento de sexo mais saudável.

Parece uma boa solução, mas o que significa "um relacionamento de sexo mais saudável"? Tratemos essa pergunta por meio de um antigo debate; aquele sobre a diferença entre arte erótica e pornografia.

Há muitos anos, o juiz da Suprema Corte Potter Stewart enfrentou a intimidante proposta de articular uma definição legal da "pornografia". A resposta hoje famosa – "Conheço-a quando a vejo" – vem à lembrança, mas o juiz poderia ter sido mais preciso se ele se referisse à discussão de arte erótica e pornografia pela psicanalista francesa Joyce McDougall. "A erótica", ela escreve, "se pretende ser julgada arte, deve estimular a fantasia do espectador, enquanto as invenções pornográficas nada deixam à imaginação"[3].

A pornografia (notem que a chamamos de "material" pornográfico) é explícita. Domina e controla o espectador, não deixando espaço algum para seus pensamentos e sentimentos individuais (não existe uma grande série de ângulos interpretativos a adotar em relação a Debbie Does Dallas). Em essência, a pornografia reduz as pessoas ao status de "coisas": para citar o apático ator de cinema Bill, que discute suas técnicas de interpretação no livro *Porn*: "A garota é no fundo uma extensão de minha mão esquerda"[4].

Não surpreende que quando a pessoa assiste a material pornográfico explícito, mesmo durante pouco tempo – é provável que meia hora dê conta do recado – se sinta vazia e entorpecida.

A arte erótica (notem que a chamamos de "arte" erótica) gera uma experiência drasticamente diferente. Pense no filme *Belle de Jour* (*A Bela da Tarde*), de Luis Buñuel, no qual Catherine Deneuve interpreta uma dona de casa cujas fantasias sexuais tendem a dominação e submissão. O marido (Jean Sorel) é avesso a juntar-se à mulher em seus interesses, e por isso ela se expressa tornando-se, em segredo, uma prostituta. Valendo-se mais do gesto aberto à possibilidade que da explicitação fechada, o filme convida o espectador a ser curioso sobre sua própria mente. Em contraste com a experiência da pornografia que entorpece a mente, a arte erótica deixa a pessoa envolvida, estimulada, e talvez um pouco repelida de suas áreas de conforto conhecidas.

A diferença entre arte erótica e pornografia não é apenas, como opinou a estrela de filmes pornôs Gloria Leonard: "a iluminação".

Agora, usando a distinção entre arte erótica e pornografia como modelo de referência, respondemos à pergunta com a qual começamos esta discussão: Que é mesmo sexualidade "saudável"[5]?

Em termos ideais, o sexo é uma forma prazerosa e significativa de partilhar os aspectos importantes e reais de si mesmo com outro que importa. Quando se preserva de maneira respeitosa a individualidade independente dos dois companheiros, diante das complexas emoções e dos poderosos desejos desencadeados pelo sexo (quando a diferença é reconhecida e depois comemorada), quando caracterizado pela vulnerabilidade e abertura, o sexo torna-se uma oportunidade de vitalidade, mudança e crescimento. Sexualidade saudável, ou, para usar a forma abreviada do título deste capítulo, "sexo de verdade", caracteriza-se pelo sentido e ligação – os princípios da arte erótica. E não por entorpecimento, excitação excessiva e controle – princípios da pornografia.

Se definimos sexualidade saudável assim, temos uma ferramenta poderosa e pragmática para esclarecer parte de nossa confusão atual em relação ao sexo.

Para começar, a definição de sexualidade saudável, como forma prazerosa e significativa de partilhar nossos aspectos importantes e reais com outra pessoa que importa para nós, nos dá um modo de pensar sem moralismo na ampla variedade de comportamentos sexuais em que os seres humanos se envolvem. Segundo essa definição, a saúde sexual não é determinada pelo tipo de sexo em que a pessoa se envolve; a posição comum papai-e-mamãe pode ser "insalubre" (ou até, para usar o termo técnico, "perversa") quando empreendida com a intenção de controlar e negar a experiência do parceiro. Nesse sentido, podemos considerar saudáveis as práticas sexuais mais incomuns imagináveis, quando empreendidas numa atmosfera de divisão e brincadeira mútua e respeitosa. Em outras palavras, o sexo é "saudável" não segundo o que parece, mas segundo o sentido e a intenção.

Além disso, quando pensamos em sexualidade saudável como a que envolve respeito pela individualidade dos dois parceiros, torna-se claro que a "ficada" e a "amizade colorida" dos quais falam muitos adolescentes não são apenas questão de uma geração buscar seu mandato para chocar a seguinte. Quando entendemos que a sexualidade saudável se caracteriza pelo sentido e ligação, torna-se óbvio que as imagens virtuais, brilhantes e desmaterializadas, de sexo que permeiam nossa sociedade nos são prejudiciais. Talvez essas compreensões nos motivem a ensinar aos filhos que existe uma alternativa para o tipo de sexo que vem se tornando seu modelo e a nos manifestar contra a avalanche de estímulos sexuais excessivos, nos meios de comunicação e em outros lugares, que nos inunda.

Agora apliquemos essa definição de "sexualidade saudável" aos relacionamentos de longa duração e à idéia de fazê-los trabalharem para nós.

Em sua melhor forma, os relacionamentos íntimos nos oferecem uma admirável oportunidade de nos arriscarmos a ser abertos e vulneráveis uns com os outros. Acolhendo a maneira como o amor pode aprofundar-se e evoluir com o tempo, reconhecendo e depois comemorando as diferenças, ensinamos inestimáveis lições uns aos outros sobre quem somos. E se desistirmos das tentativas infrutíferas de mudar os companheiros, em vez de nos abrirmos e sermos mudados por eles, continuaremos a crescer pela meia-idade e além.

O sexo, por sua vez, pode ser o meio mais direto pelo qual a intimidade de longa duração realça nossas vidas. A instantaneidade do toque sexual faz com que nos unamos em nossos pontos mais profundos e vulneráveis. O desenfreado caráter físico do sexo nos torna momentaneamente desprotegidos, mesmo nas áreas que mais tendemos a proteger. E os esforços mútuos para fazermos um ao outro nos sentirmos bem fazem com que nos sintamos queridos nesses mesmos pontos vulneráveis.

O sexo de verdade, em conseqüência, nos oferece um meio quase sem paralelos de ajudarmos um ao outro a mudar, crescer e continuar vivos no corpo e na mente.

Dan e Melissa: sexo, drogas e resfriados letais

Com o tempo, ficou óbvio para mim que os rituais sexuais de Dan eram uma espécie de droga que ele precisava para sentir-se, segundo suas palavras, "superficialmente bem". Essa droga tinha um efeito muito específico: a masturbação compulsiva, a tendência a inspecionar a aparência à procura de defeitos e imperfeições e a necessidade de recrutar Melissa para esses rituais sexuais – tudo isso e mais mascaravam e refletiam complicados sentimentos que ele tinha sobre a própria masculinidade.

Quando eu falava de minhas idéias a Dan, ele não as rejeitava, mas tampouco as acolhia de fato.

– Não posso dizer que você está errado – respondia –, mas não tenho plena certeza de aonde tudo isso me leva.

E a essa altura precisávamos chegar a algum lugar. À medida que ele se tornava mais reflexivo sobre o relacionamento com o sexo e nossas conversas faziam Melissa tornar-se uma parceira menos conivente com o hábito dele, a droga deixou de funcionar e ele começou a sentir-se cada vez mais infeliz.

Então, um dia, cerca de seis meses após o início dessas conversas, peguei um resfriado.

Horas fungando e tossindo me deixaram com a voz rouca e o nariz vermelho. Outros pacientes tiveram reações diferentes, mas nenhuma tão forte quanto a de Dan. Afastando a cadeira o mais longe que permitia o consultório, ele disse, com palpável aflição:

– Uau, você está doente mesmo. Talvez fosse melhor a gente ir embora.

Pedi desculpas e, talvez com maior intensidade que o habitual por causa do vírus, declarei o óbvio:

– Você receia adoecer.

– Os resfriados são uma coisa importante para Dan – exclamou Melissa.

– Isso para não dizer coisa pior – ele acrescentou. – Odeio resfriados. Fazem-me achar que vou morrer.

– De resfriado? – perguntei, agora muito curioso.

Durante quase um minuto ninguém disse nada. Por fim, falando com muita suavidade, perguntei:

– Onde você está?

– Pensando no meu pai – ele respondeu, e com isso começou a falar de um homem a quem mal conhecera, que morrera quando ele tinha dez anos e que, apesar da aparente ausência em sua vida, dominava-lhe a mente havia mais de cinqüenta anos.

– Meu pai tinha uma grave doença cardíaca – ele continuou. – Sempre que me lembro dele, vejo-o sentado numa cadeira de rodas, envolto numa manta, com uma enfermeira sentada ao lado. Era todo enrugado e, como não podia limpar os pulmões, vivia expectorando um catarro amarelo. Cheirava a asilo de velhos. Era repulsivo.

– Mas na verdade é mesmo uma imagem muito horrível do envelhecimento – comentei.

– Não suporto a idéia de envelhecer – ele respondeu. Com estas palavras balançou forte a cabeça e depois, erguendo os olhos com um sorriso forçado, disse: – Sabe, parece óbvio demais, mas simplesmente me dei conta de que o motivo de trabalhar tanto o meu corpo, de ser tão obcecado com o sexo, é que morro de medo de ser como meu pai.

Com a compreensão conquistada a duras penas por Dan, tornou-se evidente a natureza de suas lutas, partilhadas com Melissa.

Na certa, nenhum de nós gosta de envelhecer, mas para ele os inevitáveis embates e erosões da idade pareciam uma linha direta para tornar-se um velho doente, envolto numa manta, expelindo catarro.

Todas as compulsões sexuais e corpóreas de Dan refletiam esforços para negar o envelhecimento, a morte e a deterioração construindo a ilusão de que tinha uma masculinidade invencível. Em vez de relacionar-se com Melissa como uma pessoa concreta, que lhe refletia de volta a imagem imperfeita, da falível humanidade dele, recrutava-a para ajudá-lo nessa negação.

Melissa, por sua vez, sentia pavor de ser julgada. Transformara o relacionamento com o marido numa complicada tática de ostra, na qual se permitia ser a droga de Dan enquanto ocultava o verdadeiro eu das críticas dele. Cedendo às exigências do marido, conseguia esconder o verdadeiro eu por trás dessa complacência.

Juntos, os dois haviam transformado o relacionamento sexual num meio muito criativo de evitar um ao outro e os próprios medos mais profundos.

Tão logo se esclareceu o problema, a solução também se tornou óbvia: eles precisavam ajudar um ao outro a enfrentar a dor e o sofrimento que haviam evitado com tanta habilidade. Dan precisava encontrar, por meio de Melissa, uma imagem mais positiva de homem mais velho. E ela precisava encontrar, pela sua aceitação por Dan, o sentimento de ser cativante não apenas para si mesma, mas para o outro.

Claro, era mais fácil falar que agir. Como disse Dan quando lhes falei de minhas idéias:

– Maravilha. Então, quando vai nos dizer como fazer tudo se concretizar de fato?

Durante o ano e meio seguinte, nós três trabalhamos duro para "fazer tudo se concretizar de fato". Faltou ao meu método, admito, arte e delicadeza, tanto que o casal muitas vezes brincava dizendo que eu devia ter recebido meu diploma por correspondência.

Enfrentei o vício da pornografia de Dan, lembrei-lhe que as mulheres nos filmes a que assistia na verdade não gostavam do que faziam e que os homens, com muita freqüência, se sentiam entorpecidos e rígidos. Disse-lhes que ele jamais conseguiria agradecer a si mesmo pelas importantes realizações e sucessos se não estabelecesse o compasso de uma forma mais realista. (Acima de tudo, isso significava que ele teria de aceitar o fato de não ser nem jovem nem invencível.) E incentivei-o a ser autêntico com Melissa, e lembrei-lhe muitas vezes que não ia querer que um homem pensasse em sua filha da maneira como ele pensava na própria esposa.

Ao mesmo tempo, falava a Melissa sobre a forma de sua complacência sexual ser um ato de autocamuflagem. Eu recorria à filha do casal; com certeza Melissa ia querer que a filha se defendesse sozinha em futuros relacionamentos com os homens, mas como a moça ia aprender a fazer isso, se a própria mãe não fazia? Numa manobra que causou grande consternação a Dan, eu disse a ela que não fizesse amor com ele a não ser que ele agisse de maneira aberta e franca:

— Resista até ele se mostrar autêntico com você — sugeri. — Ele está se escondendo de você tanto quanto você dele.

Em essência, pedia aos dois que se despojassem das respectivas armaduras — a ilusão de invencibilidade hipermasculina de Dan e a operação de atrair e mudar de Melissa — para serem autênticos um com o outro. Encorajava-os a enfrentar os medos mais profundos — o da morte e da deterioração dele, o de não ser boa o suficiente para outra pessoa. E tentava convencê-los do valor de realmente se tocarem, tanto na mente quanto no corpo.

Um dia, próximo ao fim desses dois anos juntos, abri a porta da sala de espera e cumprimentei os sorridentes Dan e Melissa. Quando entraram no consultório, notei que ele exibia um atípico encabulamento. Sentou-se na cadeira, deu um largo sorriso e disse:

— Melissa quebrou meu pênis.

— Quebrou seu pênis? — perguntei, rindo, mas querendo saber de que diabos ele falava.

Os dois entreolharam-se, e, após uma troca de brincalhões "você primeiro," ela contou a história.

— Dan e eu estávamos fazendo amor outro dia... na verdade, fazendo o que em geral fazemos antes do ato, conversávamos deitados na cama. Na maioria das vezes, parece que ele fica tentando me agradar, pois sabe que não vai ter sexo algum se não conversar comigo primeiro. Mas desta vez ele me falava sobre como era muito difícil ver o pai tão doente, e eu senti que ele desejava mesmo conversar.

— De qualquer modo, alguma coisa no jeito de ele querer apenas ficar comigo, não só para sexo, mas conversar de verdade, me fez sentir vontade de fazer sexo com ele. Então fiz uma coisa que nunca faço; parti para o ataque. Começamos a transar, e então, não deu para acreditar, pela primeira vez na vida ele não conseguiu ter uma ereção.

Nesse momento, Dan continuou a história:

– Quando não consegui ter a ereção, me senti péssimo. Sabe o que Melissa fez? Não disse "Não se preocupe, está tudo bem", ou algo do tipo que se espera que as mulheres digam em momentos como esse. Não, ela disse: "Me foda, seu maníaco". Que foi que você disse? "Me foda, seu maníaco?" Mas sabe de uma coisa? Funcionou. Fiquei com o pênis ereto na mesma hora, ela montou em mim e mergulhou tão fundo e decidida nele... era isso o que eu queria dizer com "quebrou meu pênis"... que eu gozei em vinte segundos.

"Depois que terminou, a gente ria com tanta vontade que não conseguia parar. Tive a sensação de que um peso enorme foi retirado do meu peito. Não precisei sair da cama e me inspecionar no espelho para ter certeza de que eu continuava bem."

– Para ser franca, o sexo nos deixou esgotados – Melissa juntou-se ao marido. – Mas sabe de uma coisa? Eu adorei. Senti que podia ser eu mesma. Na verdade, tenho sentido que posso ser eu mesma já faz um bom tempo, portanto não foi isso. Foi o fato de me sentir eu mesma com ele.

PREFIRA SEXO DE VERDADE A SEXO FORMIDÁVEL

O sexo pode ser muitas coisas[6, 7]. E em diferentes fases da vida, diferentes sensações ocupam uma posição proeminente.

O sexo para o adolescente consiste em fazer sexo instintivamente, isto é, responder ao estímlo imediatamente, simplesmente penetrar ou ser penetrado. Pode consistir na maneira de o adolecente a lidar com a ansiedade, vergonha e culpa. Em conhecer e usar o corpo. Pode consistir no prazer, um meio de aprender, de encontrar o próprio eu. Talvez acima de tudo consista em começar a unir a opressiva força física da sexualidade com uma contínua consciência da "condição do ser humano individual" dos outros.

O sexo para o jovem adulto, à procura de um parceiro para

a vida toda, consiste em contrapor a força e atratividade física à necessidade de honestidade, persistência, integridade, sinceridade e outras qualidades que fazem os relacionamentos funcionarem. Pode consistir em encontrar um companheiro que seja um bom pai ou uma boa mãe. Pode ser um modo de expressão da própria personalidade, um modo de comunicar emoções intensas, com esperança, amor e afeto, mas também, às vezes, agressão contida.

Claro que o sexo pode consistir na criação de uma família.

E também há o papel crucial do sexo nos relacionamentos íntimos de longo prazo.

Com o passar dos anos, o corpo diverge cada vez mais da coloração juvenil, agora impregnado com colágeno e injetado de Botox, e das infinitas possibilidades supridas pelo ideal cultural. Com isso, às vezes nos sentimos alienados daqueles que amamos e de nós mesmos. Mas, se corrermos o risco de ser sexualmente autênticos com alguém amado e no qual confiamos, no transcorrer do tempo encontraremos uma alternativa para os espelhos dos parques de diversões que distorcem as imagens e povoam o ambiente atual. Podemos, em vez disso, encontrar reflexos amorosos e compassivos de nosso eu, um no outro. Podemos, como fizeram Dan e Melissa, usar o relacionamento sexual para mudar roteiros antigos, dolorosos e estagnados. E prolongar o senso de vibrante materialidade que com demasiada facilidade desaparece diante das múltiplas pressões da vida e, com o passar do tempo, perdas que vão aumentando cada vez mais.

Que podemos fazer, com ou sem a ajuda de terapia, para criar um relacionamento sexual que nos ajude a crescer e nos tornar nosso melhor eu?

- **Combater os ideais sexuais estereotipados que se tornaram moeda corrente cultural.** Trabalhar no lado emocional do relacionamento; as percepções de atratividade são mediadas pelos sentimentos de um pelo outro. Quanto melhores nos sentimos em relação ao outro, melhor olhamos um ao outro.

- **Fazer questão de ser realista com o corpo.** Aceitar as mudanças no corpo enquanto envelhece.

- **Ser radical com a pornografia** e o resto da cultura do "é só sexo, não significa nada", que nos entorpece e estimula em excesso. Não basta apenas evitar essa cultura; como a água num espaço fechado, encontrar todas as fendas existentes. Opor-se ativamente a ela.

- Se tiverem filhos, **enfatizar o fato de que o sexo faz parte do relacionamento.** Que é melhor quando existe amor. Mesmo que pareça careta; dizer-lhes, por exemplo, que podem ser *sexies*, sem precisar apelar ao vulgar.

- **Esquecer as tentativas de fazer sexo "formidável".** Em vez disso, correr o risco de ser autênticos um com o outro. Acreditar no sexo que tropeça, ri, insiste em ser humano. Insiste em encontrar os olhos um do outro.

- **Insistir em fazer sexo divertidamente "ruim".**

E se for você quem toma a iniciativa?

- Se não anda fazendo sexo, **disponha-se a reconhecer o problema** e depois **converse a respeito.**

- **Normalize o sexo.** Muitas vezes, um impedimento importante à conversa sobre sexo é a vergonha ou o constrangimento. Deixe claro que entende que o que passa na mente sexual de uma pessoa não é para ser julgado nem criticado. Trabalhe para criar um ambiente em que é possível conversar sobre tudo.

- Como sempre, **olhe primeiro para si mesmo.** Todos temos sexualidades complicadas; isso é parte do que nos torna interessantes. Conheça a si mesmo. Saiba o que você tem receio, o que evita, o que o faz sentir-se encabulado e constrangido. Disponha-se a tomar a iniciativa de conversar sobre essas coisas.

- **Traga leveza e humor ao relacionamento sexual.** Não deixe o sexo ficar sério demais.

- **Disponha-se a agarrar-se ao próprio desejo, mesmo que o companheiro seja sexualmente retraído.** Isso às vezes é bem difícil – não é fácil querer quando o parceiro é indiferente –, mas continuar a querer nessas circunstâncias pode ser um modo poderoso de dar um exemplo.

Acima de tudo, **prefira "sexo de verdade" a "sexo formidável".**

Coisas tão pequenas

Achavam-se deitados na cama, as luzes apagadas depois de lerem, ela de costas, ele de lado e distante. Ela pensava nas meias dele, as largadas no chão em frente ao armário durante três dias. Vinha olhando-as, detestando-se pela tacanhez, mas perguntando-se quanto tempo ele levaria para pegá-las. Moendo-se sob a suposta servidão, de relativa pouca importância, perguntava-se, como muitas vezes fazia, sobre sua carreira, sua mente, seu tempo e seu corpo, que ele imaginava valer menos que o dele.

E então as meias se foram, e com elas o atormentador aborrecimento; a mente apenas relaxou. Como coisas tão pequenas a ajudam a sentir-se menos zangada, tornar a encontrá-lo? Às vezes, isso acontecia quando ele a olhava nos olhos, não por eles, nem através deles, dentro deles, como se quisesse de fato encontrá-la. Às vezes, quando ele abria a geladeira, estendia a mão para pegar a terceira cerveja (perguntava-se se ele sabia que ela contava), mas, ao vê-la, fechava a porta e vinha para a cama. As grandes coisas pareciam significar tão pouco para ela – flores, presentes, protestos de amor. Mas as pequenas, os pequenos momentos de dedicação e atenção – esses faziam toda a diferença.

Com tais pensamentos, rolou para junto dele, colou-se em suas costas e abraçou-o.

Ele sempre se surpreendia quando ela o buscava na cama. A essa altura, conhecia os diferentes toques. O "oi, mas não fique com idéias". O superficial "Não o toco há muito tempo, por isso estou fazendo agora". E este contato, "posso ser encontrada se você me quiser". Um delicado afago na barriga, que não parava quando ele estendia a mão para trás e acariciava-lhe a coxa. Tão logo sabia que ela diria "sim", o ressentimento, a crescente e reverberante vontade de queixar-se desfaziam-se, derretidos pela vontade espontânea dela.

Seriam as outras mulheres iguais a ela?, perguntou-se. Podia ficar tão próxima dele, o cheiro, a voz, o peso do corpo, os gestos dele, tudo lhe parecia muito sufocante. A necessidade dele pressionada nela expelia o ar do quarto. Mas também, com esses pequenos momentos de atenção e carinho, ele voltava à dimensão natural. Ela sentia o corpo, a mente, uma coisa mais profunda que os dois, seu eu talvez, não obscurecidos por ele, mas próximos dele. Uma quente pressão espalhava-se dos seios à barriga enquanto se deitava ali colada nas costas dele, e desta vez sentiu vontade, não de afastar-se, mas de avançar para a sensação no corpo. O endurecimento do pênis não era exatamente excitante, mas pelo menos, quando não parecia exigir-lhe submissão, podia ser interessante. As vozes continuavam chegando-lhe, mas ela sabia calá-las.

Graças a Deus, ele suspirou consigo mesmo. As palavras pareciam-lhe estranhas. Ali estava um homem de quarenta e cinco anos agradecendo a Deus pela esposa querer fazer amor com ele. Mas grato era mesmo como se sentia. Dez anos atrás não combatia a crescente sensação de queixa nos intervalos entre sexo, chafurdava na sensação que era enganado. Mas agora dizia a si mesmo que o sexo não era um direito, e sim uma dádiva, e isso parecia ajudar. Ajudava-o e parecia ajudá-la.

CAPÍTULO 4

ENCONTRAR A LIBERDADE PELO COMPROMISSO

O que é a liberdade? A capacidade de fazer o que se quer sempre? Ausência de limite e responsabilidade?

Ironicamente, a liberdade desse tipo, se existe, é um caminho bem-sucedido para a solidão e o vazio. Dinheiro ilimitado? Tempo ilimitado? Sexo ilimitado? O que é um dólar, um dia ou um abraço quando o seguinte talvez seja mais, ou melhor? Não, não vamos encontrar sentido e felicidade tentando transcender as restrições universais que governam e organizam nossas vidas; vamos encontrá-los respeitando-os.

A verdadeira liberdade, em conseqüência, não vem da substituição da realidade por devaneios. Vem do aproveitamento de nossas forças e talentos (e até dos próprios devaneios) para viver plenamente e bem no mundo como ele é.

Os relacionamentos íntimos são um meio maravilhoso de aprender a respeitar essas realidades que não podemos mudar[1], e do aprendizado como esse respeito nos ajuda a viver vidas mais significativas e vibrantes. Nenhum único aspecto desses relacionamentos nos ensina melhor essa lição que o compromisso.

Encontrar a liberdade pelo compromisso. Esta é a quarta resolução.

Então, o que desejamos dizer de fato quando falamos de "compromisso" num relacionamento íntimo? Para a maioria, a palavra invoca noções de fidelidade sexual, o que sem a menor dúvida é uma importante expressão de lealdade e dedicação. Mas a abstenção de promiscuidade é apenas uma manifestação do compromisso assumido, que não garante por si mesma um bom relacionamento. Muitos que jamais tiveram uma aventura extraconjugal abandonaram emocionalmente os cônjuges anos atrás, enquanto outros que as tiveram construíram e preservaram relacionamentos de profundo compromisso e significativos.

103

Não, o tipo de compromisso que faz prosperar os relacionamentos íntimos é mais abrangente que a questão de relativa objetividade de saber se a pessoa se desgarra ou não em termos sexuais. Entre as muitas qualidades, o compromisso envolve a vontade de permanecer leal quando tudo fica difícil. Exige luta com as partes difíceis e dolorosas de si mesmo para permanecer autêntico e presente. E significa investir o tempo e o esforço necessários para criar um espaço partilhado no qual o atrito criativo da longa intimidade pode mudar os dois parceiros.

O compromisso em sua melhor forma não é uma convenção antiquada nem uma receita moralista destinada a reprimir a sexualidade e a individualidade. É uma escolha radical e pessoal que permite a nós nos arriscarmos a explorar, com um outro confiável, os mais ocultos e vulneráveis cantos de nosso eu.

ETHAN E OLIVIA

Quando Ethan Gilbert fez o primeiro contato comigo por telefone, disse que ele e a esposa Olivia procuravam "uma terapiazinha sexual". Respondi-lhe que teria prazer em conversar com eles, mas, para não misturar alhos com bugalhos, não era bem um terapeuta sexual.

– Nós sabemos – ele respondeu. – Obtivemos uma visão do que você faz de um amigo que nos deu seu nome. Mas estou passando um pouco a perna em você... Não precisamos de fato de um terapeuta sexual, mas de conversar com alguém sobre sexo.

– Conversar sobre sexo com certeza é a minha praia – respondi, percebendo o bom-humor de Ethan. – Vamos marcar uma hora.

Os dois pareciam um casal encantador, cheio de vida, no início da faixa dos sessenta. Ele, filho único, lembrava um gnomo, careca e baixo, os olhos brilhantes e cativantes davam-lhe um certo carisma. Ela, a mais velha de quatro filhas, uma elegante mulher de cabelos grisalhos, no mínimo cinco centímetros mais alta que o marido. Embora diferentes na aparência, davam a impressão de uma boa combinação: transmitiam visível afeto um pelo outro; emanavam energia sobre suas carreiras como professores universitários (Ethan, especialista em estudos do Oriente Médio, e Olivia, em história da arte); além de apreciarem, claro, os três filhos e os dois netos.

– Então o que vocês têm em mente sobre sexo? – perguntei, logo após o início da primeira sessão.

Tentei resgatar o tom brincalhão da conversação telefônica inicial, mas, confesso, me senti como um touro numa loja de porcelana.

Ethan e Olivia trocaram entre si um olhar tímido, e então ele tomou a iniciativa.

– Tivemos uma vida sexual muito boa ao longo dos anos – começou, falando com mais decoro e menos jocosidade que ao telefone. – Então, cinco anos atrás, Olivia se submeteu a uma mastectomia. O prognóstico foi bom na época e é ainda melhor agora que o tempo passou sem a volta do câncer. Mas nossa vida sexual jamais foi a mesma. Não acho que seja eu. Sempre adorei fazer sexo com minha mulher e ainda adoro. Mas ela anda tendo problemas para voltar a se sentir à vontade.

Fez uma pausa, e nós dois olhamos Olivia com expectativa.

– Não tem mesmo nada a ver com Ethan – ela começou, de um modo direto, à vontade e menos formal que o marido. – Eu queria conversar com alguém sozinha, mas ele salientou que sexo é uma coisa que fazemos juntos [neste ponto os dois deram uma breve e leve risada]. Quando começou nosso envolvimento, ele me ajudou muito nisso. Mas desde a mastectomia me sinto péssima em relação ao meu corpo e parece que não consigo superar isso.

Era claro que haviam perdido muita coisa desde a cirurgia.

Não apenas faziam amor raras vezes– umas cinco ou seis vezes nos últimos cinco anos –, agora dormiam em lados opostos da cama, quase não se tocavam e haviam ficado bruscos e impacientes um com o outro. O pior era que haviam perdido, pelo menos por enquanto, uma ligação especial:

– Sempre nos consideramos os melhores amigos um do outro – disse Ethan. – Acho que isso ainda é verdade, mas não nos sentimos mais os melhores amigos.

Começamos conversando sobre o que acontecera após a enfermidade dela. A conversa era íntima e fascinante, girando, como sempre, em torno dos sentimentos de Olivia em relação à cirurgia, o receio de que Ethan não a achasse desejável e a sensação de que, como mulher, mudara. Os dois não tinham tanta certeza, contudo, de que eram esses os assuntos sobre os quais precisavam conversar. Poderiam ter essas conversas sozinhos, observaram, e se perguntavam se questões mais profundas, que não sabiam explicar, não estariam bloqueando o caminho.

Como era de esperar, nossas conversas logo deram lugar a entrelinhas mais sombrias.

– Percebi uma coisa estranha no meu câncer – observou Olivia, uns quatro meses após o início de nosso trabalho. – Havia grupos de sobreviventes, salas de bate-papos, foros de todos os tipos para as pessoas que querem conversar sobre suas doenças e tratamentos. Mas eu não tive de modo algum interesse em conversar com ninguém. Não só porque sou tímida... era muito tímida quando nos casamos, mas me livrei disso anos atrás. E também não foi por causa de minha "negação" que consegui enfrentar o fato de que tinha câncer, e até a possibilidade de morrer. O difícil do que senti é meu segredinho sujo. Sinto vergonha de ter tido câncer.

– Por que se sente envergonhada? – perguntei.

– Desconfio que tenha alguma coisa a ver com uma coisa que aconteceu há muito tempo com meu tio – ela respondeu. Então, após uma breve pausa, acrescentou: – Pelo menos, os sentimentos são de uma semelhança terrível.

Contou a história, velha para Ethan, mas uma revelação para mim. Quando tinha treze anos, um tio acariciara-lhe os seios em várias ocasiões, experiência que a deixara com muita ansiedade em torno do sexo, uma sensação de que seu corpo era feio e sujo, e um profundo sentimento de vergonha. Contara a Ethan o que acontecera, no início do relacionamento, e achava reconfortante e até reparadora sua indignação com o tio, e a generosidade com que o marido a tratava.

— No início, muitas vezes, apenas ficávamos deitados na cama abraçados — disse. — Se eu não sentisse vontade de fazer amor, ele achava que tudo bem. E então quando fazíamos sexo... como era aquela música de Marvin Gaye que fala de cura sexual? "Sexual Healing"? Era isso o que eu sentia.

Agora, porém, a vergonha retornara. Seria possível a doença e a cirurgia haverem desenterrado antigos sentimentos relacionados ao molestamento?

Olivia, Ethan e eu passamos as várias semanas seguintes conversando sobre o abuso sexual que ela sofrera.

— Já lhe contei que meu tio me dizia que o que ele fazia comigo era idéia minha? — perguntou Olivia. — Ele prometeu não contar a ninguém, porque isso ia me meter em apuros? Disse que podíamos torná-lo nosso segredo.

— Canalha — ouvi Ethan resmungar em voz baixa.

— Era um canalha — disse Olivia. — Mas acho que estamos entendendo alguma coisa disso. Parece muito claro que sinto a mesma vergonha em relação ao câncer.

Como a maioria das crianças que sofrem violação sexual, Olivia sentira que devia ser culpada pelo que lhe acontecera. Além disso, mais uma vez como a maioria das crianças vítimas desse tipo de violação, tivera sentimentos muito confusos de excitação fisiológica durante o molestamento. Não se tratava de um reflexo de "querer a coisa", como lhe dissera o tio, mas da inevitável conseqüência da reação normal do corpo à excitação física, mesmo diante de uma situação muitíssimo anormal. Esses sentimentos, junto com a propaganda do tio, formaram o âmago da vergonha e da culpa.

Com essa compreensão, encontramos o caminho para uma verdade crítica. O ferimento atual – o câncer – interagira com um trauma antigo – o molestamento – para criar uma perfeita tempestade de problemas: o câncer e a posterior cirurgia mais uma vez haviam posto um enfoque doloroso e indesejável nos seios dela, suscitando sentimentos de vergonha e culpa havia décadas dormentes.

– Acabei de me lembrar que tive uma estranhíssima idéia quando me levaram na maca para a cirurgia – disse Olivia, no meio de uma das conversas mais intensas. – Ainda não estava claro se ia ou não precisar de uma mastectomia... iam fazer a biópsia e tomar a decisão enquanto eu continuava anestesiada... mas de algum modo eu soube que ia ter de acordar sem o seio. E pensei: "É o que eu mereço". Na época imaginei que fosse apenas o efeito das drogas, mas agora entendo. Era o ressurgimento daquele antigo sentimento de que eu merecia ser punida pelo que fiz.

Revendo e retrabalhando um "padrão antigo e ruim"

O reconhecimento de que Olivia se encontrava mais uma vez tomada de vergonha e culpa havia ajudado o casal a sentir-se menos ríspido e impaciente um com o outro, mas isso não lhes trouxe o resultado de que mais precisavam: encontrar o caminho de volta na cama.

Ela teve uma idéia sobre o porquê de tudo continuar emperrado no âmbito sexual.

– Acho que temos conversado sobre a minha parte nisso – disse – e agora parece que nós dois precisamos fazer alguma coisa.

Eu me perguntava o que ela teria em mente.

– Acho que entramos em alguns antigos padrões – respondeu Olivia.

– Alguns padrões antigos e ruins.

Com essas palavras, Ethan e Olivia começaram a me contar um problema que haviam enfrentado anos antes. É um problema que a maioria dos casais, se não todos, tem de resolver e que, quando deixamos de resolvê-lo, nos leva facilmente ao distanciamento e ao ressentimento: a aborrecida questão de quem passa a sentir-se a pessoa mais importante no relacionamento e quem assume a posição secundária.

No início do relacionamento, quando Olivia ainda lutava com os resíduos adversos da violação sexual pelo tio, sentira timidez para atrair a atenção sobre si mesma. Ethan, por outro lado, quisera de todo coração ocupar o espaço, no relacionamento e na vida em geral.

– Ethan pode ser um homem pequeno no físico – ela observou –, mas todo mundo o nota quando ele entra numa sala. Eu tinha muito medo quando éramos mais jovens, e embora deteste admitir isso, naquela época era provável que funcionasse para mim deixar que ele fosse a personalidade de destaque.

Quando o casal entrou na casa dos quarenta anos, os três filhos começaram a ficar mais velhos e Olivia retornou ao trabalho em tempo integral, esse arranjo tornou-se menos funcional. Ela, agora livre em grande parte da vergonha e culpa que a haviam estrangulado durante o início do casamento, começou a arrepiar-se com a suposição da relativa importância do marido. Ele, por sua vez, começou a achar frustrante a passividade da mulher; gostaria que ela fosse mais impositiva, tanto na vida quanto no relacionamento dos dois.

Por sorte, tiveram condições de mudar esse "padrão antigo e ruim".

Ele reconheceu que a vinha sobrepujando no relacionamento e prometeu ser menos egocêntrico.

– Eu não tinha a menor idéia de que era parte do problema, até ela me chamar a atenção para como eu era terrivelmente egocêntrico às vezes – ele admitiu, falando em sua conhecida forma polida. – Mas aprendi com Olivia que nem sempre eu era a pessoa mais importante na sala, ou, no que se refere a isso, no relacionamento.

Ela, enquanto isso, prometeu ser mais impositiva no relacionamento e na vida em geral.

– Trabalhamos nisso os dois – recordou. – Lembro uma vez em que ambos tivemos entrevistas de trabalho no mesmo dia. Cheguei em casa, Ethan me perguntou como foi e respondi: "Fingi que era você... disse a eles como eu era formidável". E ele comentou: "Que hilário. Fiquei receoso da reputação de arrogância e fingi que era você. Dei um jeito de não passar a entrevista inteira dizendo a eles como eu era formidável".

– Mas acho que voltamos mais uma vez a essa mesma situação – continuou Olivia. – Talvez porque você teve de cuidar de mim quando fiquei doente, talvez porque tornei a sentir aquela mesma vergonha antiga que me fazia querer me esconder, talvez porque tive de parar de trabalhar por algum tempo, seja qual for o motivo, parece que voltou a suposição de que você é mais importante do que eu.

Os dois sabiam o que precisavam fazer: ele teria mais uma vez de ceder algum espaço e controle, e ela se esforçar para viver com um pouco mais de presença, e, juntos, o casal teria de reequilibrar-se.

Parece fácil, pelo menos em teoria. Lamentavelmente, as mudanças na vida real tendem a ser mais difíceis. Se quisermos mudar hábitos e comportamentos antigos e problemáticos, em geral temos, para início de conversa, de enfrentar e tolerar os mesmos sentimentos dolorosos que nos fizeram perder o rumo.

Isso sem a menor dúvida se aplicava a Ethan e Olivia. Ele tendia a ficar "um pouco controlador" quando se sentia assustado e ficou apavorado com a idéia de que a amada esposa ia morrer. Ela tendia a esconder-se atrás da descomunal presença do marido quando se sentia envergonhada, e o recente ataque aos seios a fizera sentir-se muito envergonhada.

Se queríamos mudar as coisas, portanto, teríamos de eliminar parte do que provocava o medo de Ethan e a vergonha de Olivia, e desse modo aliviar a dependência do casal dos meios básicos de lidar com a angústia: o controle dele e o retraimento dela.

Desconfio que a solução de Ethan e Olivia pareça-lhe um empreendimento incrivelmente difícil. Foi. Mas o que eles fizeram também é, em essência, um modelo para o que todos nós temos de fazer quando queremos mudar nosso relacionamento e nosso eu: relaxaram, uniram-se, conversaram com abertura e sinceridade sobre os mais profundos medos e vulnerabilidades e os trataram com cuidado e generosidade.

No caso deles, a conversa assumiu a forma de uma espécie de jogo.

As regras do jogo eram simples; concordaram em despir-se, meter-se na cama, abraçar-se e dizer um ao outro o que mais os afligia. A parte de Olivia era conversar com Ethan sobre o câncer, o corpo, o tio e a vergonha. A de Ethan, conversar com Olivia sobre o medo de perdê-la.

E os dois tinham de estar presentes de forma tão emocional quanto possível. Ele começava dizendo a ela como realmente se sentia em relação ao corpo dela.

– Venho dizendo que ainda amo seu corpo, e isso em quase tudo é verdade. Mas nas últimas semanas, quando fazíamos esse jogo... que chamamos de "o jogo do choro", porque é só o que fazemos, chorar... tenho percebido que não me permiti conhecer toda a verdade. Olho a cicatriz de Olivia e me viro. Toco-a e me sinto horrorizado.

"Para ser franco mesmo, sinto sim falta do seio dela", continuou. "Mas não são as mudanças no corpo em si que não suporto. O insuportável é o que a doença significa: a mortalidade. Toda vez que olho a cicatriz, toda vez que a toco, tenho de me forçar a não me virar, porque a possibilidade da morte parece muito real."

Com o passar do tempo, à medida que Ethan foi se forçando a conversar com Olivia sobre esses sentimentos, começou a substituir o pavor por uma sensação de calma. O que aconteceu não foi magia: até os mais insuportáveis sentimentos podem tornar-se suportáveis quando os enfrentamos em companhia de alguém a quem amamos e que nos ama. No caso deles, constatou-se o enorme proveito de que era tornar mais suportáveis os sentimentos dolorosos.

– Eu sabia, em algum nível, que Ethan não estava me dizendo toda a verdade; sentia que não suportava me olhar. Porém, o problema não era poder olhar, era o motivo que eu achava que ele não podia olhar. Eu não sabia que ele estava apavorado pelo receio de me perder, imaginava que sentia repugnância por mim. E interpretava isso direto para "Sou uma pessoa repugnante por causa do que fiz com meu tio". É, sei que meu tio era o vilão, mas isso é minha mente racional adulta. Sempre existirá uma parte menina de mim que continua sentindo que o que aconteceu foi culpa minha, e que devo me sentir envergonhada mesmo.

– Sabe o que você vem nos mandando falar a essa parte menina de mim? – (Eu vinha de fato pedindo a eles, como parte de seu "jogo", que falassem diretamente a essas partes de acesso mais difícil para Olivia, que ainda continham a vergonha do molestamento sofrido.) – Sabe como o fiz passar momentos difíceis por parecer tão adepta do movimento espiritual e filosófico "New-Age"? Bem, temos dito a essa parte menina de mim que não foi culpa dela. E acho que isso está me fazendo sentir melhor.

Enquanto continuavam a jogar juntos, com seriedade e criatividade, a vergonha de Olivia foi começando a deixá-la.

Enquanto ele sentia como se a houvesse recuperado, o medo de perdê-la foi começando a diminuir.

Com essas mudanças, conseguiram criar um tipo de liberdade muito autêntica e fundamentada: para repetir um tema central, não puderam mudar muitas das duras realidades que lhes haviam causado importantes impactos na vida – a violação sexual, o câncer e o envelhecimento dos dois. Mas sendo plenamente eles mesmos um com o outro, suavizaram o impacto dessas realidades, transformando-as de traumas que esmagavam a vida em sofrimentos humanos que a modelavam.

HOMENS E MULHERES MUDAM,
ASSIM COMO OS COMPROMISSOS

Como nos mostram Ethan e Olivia, não vivemos plenamente tentando evitar as provações da vida. Ao contrário, fazemos isso encontrando a coragem para aprender com os desafios da vida. No caso deles, esses desafios incluíram não apenas o câncer de Olivia, mas também um dos mais comuns problemas enfrentados em relacionamentos heterossexuais: o de relativo poder e importância.

Examinando a solução deles, podemos aprender muito como homens e mulheres, quando se dispõem a deixar-se mudar um pelo outro, aprendem a partir das mútuas diferenças um do outro. Talvez tenhamos de entrar em território politicamente arriscado para fazê-lo, mas creio que valerá a pena o esforço.

Com o aprofundamento dos relacionamentos, os casais criam perspectivas, conjuntos de valores e identidades partilhados[2]. Um "nós" se desenvolve ao lado de um "você" e um "eu", e os parceiros íntimos passam a assemelhar-se um ao outro nos padrões de fala, preferências estilísticas e, o que muito surpreende, na aparência. Com o passar do tempo, homens e mulheres até se aproximam um do outro através da linha divisória às vezes imensa do gênero; quando um homem se dispõe a deixar-se mudar por uma mulher, pode tornar-se mais aberto às suas próprias qualidades femininas, e a mulher, de forma semelhante, pode tornar-se mais aberta ao seu lado masculino.

Que pretendemos dizer quando falamos em "qualidades" masculinas e femininas? Sem a menor dúvida, essas palavras têm muitos significados, mas uma dimensão essencial, a mais importante para a história de Ethan e Olivia, é esclarecida pela pesquisa contemporânea sobre a criação dos filhos pelos pais.

Uma cuidadosa observação das interações entre pais, mães e filhos[3] nos diz que as mães tendem a sintonizar-se de maneira mais íntima e precisa com os filhos. Elas podem assim refletir de volta a experiência de seus filhos, de maneira que eles vejam e nos quais sintam e conheçam o próprio eu graças ao espelho das reações das mães.

Os pais, por outro lado, atuam de uma forma que estimula, revigora e desperta. Se as mães tendem a misturar-se com os filhos, os pais perturbam e, assim fazendo, tendem a ocupar muito mais espaço.

Tomados em conjunto, esses modos característicos de relacionamento oferecem aos filhos um inestimável equilíbrio entre duas lições de infância fundamentais: a suavidade de "o mundo pode ser sua ostra" e a dureza de "o mundo é um lugar difícil, e você terá de aprender a lidar com ele".

No início do relacionamento, podia-se ver essas diferenças em Ethan e Olivia; ele era o verdadeiro tipo de homem que se apodera do espaço, e ela, naquela época, era tudo, menos o tipo de mulher que ocupa algum espaço. Mais uma vez, essa acomodação funcionou bem durante um tempo, mas depois começou a falhar:

– Comecei a me sentir sufocada – ela lembrou. – O momento decisivo foi quando Ethan viajou a Londres por uma semana para uma conferência, e de repente pude me sentir eu mesma. Foi então que percebi o quanto vinha desaparecendo nele. Não era por culpa dele nem minha, mas apenas o jeito de nos ajustarmos naquela época.

Por sorte, duas verdades centrais trabalhavam em seu favor, verdades que tendem a ser omitidas nos debates muitas vezes incendiários sobre gênero. Primeiro, as diferenças entre homens e mulheres são relativas e não absolutas[4,5]. Segundo, as diferenças entre homens e mulheres são negociáveis[6]. (A mesma pesquisa que mostra diferenças observáveis entre pais e mães também mostra que as mães solteiras tendem a tornar-se mais "paternais" em estilo, enquanto os pais solteiros passam a adotar posições mais "maternas".)

Essas verdades deram a Ethan e Olivia a flexibilidade para mudarem a si mesmos e, desse modo, mudarem o relacionamento. Ele tornou-se mais receptivo; aprendeu que podia ceder sem ter de submeter-se. Ela tornou-se mais impositiva; aprendeu a ser mais vigorosa e ocupar mais espaço. E junto, o casal encontrou um meio menos polarizado e mais recompensador de "ajustar-se".

Como fizeram isso? Mais uma vez, esforçaram-se para expor e enfrentar juntos as coisas. Jogaram um com o outro. E, acima de tudo, influenciaram um ao outro (lembre as entrevistas nas quais Ethan fingiu que era Olivia e ela fingiu que era ele). Como o "nós" do relacionamento importava tanto para eles quanto o "eu" das personalidades individuais, os dois se dispuseram a deixar-se mudar um pelo outro, e assim conseguiram crescer no que haviam sido partes dormentes de si mesmos.

O fato de os homens poderem aprender com as mulheres, e as mulheres com os homens, talvez seja um meio comum e importante de mudar um ao outro[7], mas de modo nenhum é o único meio de nos fortalecermos durante longos compromissos. Ao conservarem o relacionamento, Jason e Leslie conseguiram lembrar o quanto gostavam um do outro, e ao fazê-lo encontraram o caminho de volta à compaixão e aos valores partilhados. Ao reconquistarem a sexualidade, Michael e Susan conseguiram permanecer vivos e vitais na mente e no corpo. Ao ajudarem um ao outro a tolerar a dor das perdas anteriores, Noah e Devon tiveram condições de arriscar-se a amar um ao outro mais profundamente. E ajudando Dan a lembrar-se do pai doente, Melissa tornou-lhe possível apreciar a si mesmo como um homem bem-sucedido e saudável, embora mais velho.

Todos esses relacionamentos ilustram uma verdade crítica, facilmente ignorada em nossa cultura de "primeiro eu": quando permanecemos fiéis e comprometidos um com o outro com o passar do tempo e colocamos o "nós" de um relacionamento antes do "eu" de nossos seres individuais, não diminuímos esses seres individuais, mas os fortalecemos.

Monogamia: uma "exploração íntima do interior de outra pessoa[8]"

Durante as nossas conversas, Ethan e Olivia contaram-me sobre o período difícil que haviam atravessado por uns dois anos após a cirurgia de Olivia. Esse aspecto da história nunca lhes havia parecido central – passamos provavelmente não mais de duas horas falando a respeito –, mas não esqueci. No auge da infelicidade dos dois, no período seguinte à cirurgia, Ethan se envolvera com, como ele disse, "a única mancha numa longa vida de marido fiel".

– Acho que foi a minha crise de meia-idade – ele admitiu. – Eu me sentia frustrado com a infelicidade e o distanciamento de Olivia. Com toda a honestidade, eu também estava infeliz, vendo-me como um acadêmico idoso, que começava a ficar careca. Comprei um carro esporte, mas não adiantou, e então me meti numa enrascada.

Ethan iniciou um flerte com uma professora mais jovem na universidade, uma mulher na casa dos quarenta anos que já tinha confessado ter uma queda por ele. Durante vários meses, ele e a professora passaram muito tempo conversando. O relacionamento progrediu para uns apertos de mão, antes de falarem sobre sexo.

– Eu me sentia num transe – ele contou –, mas, quando falamos de forma aberta em ir para a cama, senti-me chocado. Contei logo a Olivia. A princípio, ela ficou terrivelmente preocupada, mas voltamos a falar sobre isso até tarde da noite, e ela acabou se revelando uma mulher de surpreendente compreensão. No dia seguinte, falei com a outra, terminei tudo com ela e nunca mais vacilei. Mas estive mais perto disso do que gostaria de admitir.

O fato de o marido ter escolhido a fidelidade significou tudo para Olivia.

– Se ele tivesse consumado aquele relacionamento – ela declarou, digna, mas sempre direta –, acho que nunca mais poderia confiar nele. Sei que isto parece antiquado, mas não estou falando num sentido moralista. Para mim, ser fiel significa termos alguma coisa um com o outro diferente do que temos com qualquer outra pessoa. Acredito no que Ethan me fala de como se sente em relação a mim. No que ele me diz sobre meu corpo. Acredito na privacidade do nosso quarto. Não falo só de sexo, falo de uma coisa mais profunda. O fato de ele ser fiel a mim faz com que eu o deixe entrar em lugares onde mora todo aquele caso embrulhado com o meu tio, e em outros lugares onde me sinto sombria e horrenda. Se ele tivesse ido para a cama com aquela mulher, eu sentiria como se a tivesse deixado entrar também.

Qual o grau de importância da fidelidade sexual numa relação íntima de longa duração?

Ao longo dos anos, os biólogos se maravilharam com certos animais que parecem modelos de monogamia. Um caso típico é o arganaz-do-campo, uma pequena criatura peluda que recentemente recebeu muita atenção da imprensa por sua suposta fidelidade durante a vida inteira. Pois bem, acontece que o arganaz-do-campo não é exatamente o exemplo de fidelidade que parecia ser[9]; na verdade, existem muito poucos modelos de monogamia na natureza.

E nós, seres humanos, não somos exceção alguma, embora seja difícil dizer, pelas estatísticas, em que medida somos libertinos. Como assinala Tom Smith, da Universidade de Chicago, "É provável que existam mais 'fatos' sem importância científica sobre relações extraconjugais do que sobre qualquer outra faceta do comportamento humano[10]". Enquanto revistas populares como *Redbook* e *Cosmopolitan* ou colunistas de "Consultório Sentimental" como Querida Abby e Dra. Joyce Brothers, ao lado de "sexólogos-pop" como Shere Hite, todos relatam "estudos" que mostram índices extremamente elevados de atividade sexual extraconjugal (Peggy Vaughan, autora de *The monogamy myth* (*O mito da monogamia*)[11], sugere que uma estimativa conservadora prevê que 60% dos homens e 40% das mulheres terão um caso extraconjugal), pesquisas científicas mais rigorosas tendem a sugerir baixos níveis de infidelidade. De fato, algumas delas indicam que não mais de 15 a 17% das pessoas casadas têm um caso.

Os atuais índices de infidelidade podem mesmo ser mais baixos do que os gurus sentimentais, a mídia e até um exame não científico do comportamento entre nossos grupos de iguais nos levam a crer, mas pouco se duvida de que muitos de nós tenhamos de lutar para manter a fidelidade sexual e os compromissos. Raro é o dia em meu consultório em que não fale com alguém que ande pensando em ter um caso, ou tenha um caso, ou esteja lidando com as conseqüências de ter tido um caso. E sem dúvida os casos extraconjugais são um componente comum no cenário da meia-idade: com que freqüência homens e mulheres tentam aliviar a dor de envelhecer, o desinteresse sexual, o sentir-se menos atraente, das perdas e limitações, buscando um consolo temporário nos braços de outro? Como me disse certa vez um homem de meia-idade sobre seu caso com a secretária, vinte anos mais jovem:

– Eu sabia que não era uma boa idéia a cada passo que dava, mas simplesmente não agüentei pensar que minha mulher seria a última pessoa com que eu fosse transar na vida.

Portanto, um caso (ou dois) será uma coisa assim tão importante, sobretudo na idade em que se diz "é só sexo, não significa nada"? A monogamia será um componente necessário, não negociável, de um bom relacionamento?

Com certeza a fidelidade sexual não é uma condição absoluta de um bom relacionamento. Conheci inúmeros casais que nunca haviam pensado em ter um caso e cujos casamentos eram estagnados ou cheios de rancor, e trabalhei com muitos casais que haviam encontrado seu caminho para relacionamentos mais fortes e mais enriquecedores depois de uma aventura extraconjugal, motivados inclusive pelo desejo de resolver o inevitável dilaceramento pós-caso (Jason e Leslie são um bom exemplo).

Além disso, há muitas maneiras de ser infiel que não incluem ter sexo fora do casamento. Relações emocionais que suplantam a proximidade do casal, mantidas em segredo porque seriam dolorosas para o parceiro, também são traições e, portanto, num sentido muito concreto, infidelidades.

Seria absurdo avaliar um relacionamento íntimo com base exclusiva na ocorrência de um caso extraconjugal. Fidelidade e compromisso não são determinados apenas pela monogamia sexual: desenvolvem-se a partir de uma disposição permanente de alguém ser presente, autêntico e vulnerável, de fazer sacrifícios, de colocar o "nós" antes do "eu" e de lutar contra essas partes do eu que são obstáculos no caminho de amar e ser amado.

Ao mesmo tempo, como Olivia nos fez saber, um caso é importante, sim.

O crescimento contínuo e a vitalidade da relação dependem da construção e da preservação de um espaço íntimo intensamente privado, que desperte profundo interesse e ofereça absoluta segurança. A fidelidade sexual, quando resulta da livre escolha e não de uma opção moralista, e quando se acompanha de abertura, vulnerabilidade e da disposição a assumir riscos íntimos, pode ser um componente poderoso de tal espaço. Isso se aplica sobretudo hoje, quando a promessa ilusória de sexo formidável e infindável, tornou-se a síntese do anseio da nossa sociedade pelo possível ilimitado. Dentro desse contexto, a monogamia pode servir como uma comunicação poderosa da escolha de um casal que renuncia a satisfações individuais e momentâneas para encontrar um significado mais profundo e duradouro a dois.

Talvez Holly Brubach seja quem melhor captou isso, quando, ao resenhar a obra do escritor Ian McEwan, diz: "[A monogamia] é a investigação íntima no interior de outra pessoa como meio de expandir a nossa experiência de mundo[12]".

Por que a monogamia em série não funciona?

Se mudamos pela nossa abertura a novas experiências, uma série interminável de novos amores e, em conseqüência, de novas experiências não levaria a um crescimento pessoal ilimitado? A resposta a essa pergunta é não, e os motivos para essa resposta esclarecem por que a decisão de manter a fidelidade e o compromisso pode expandir, em vez de limitar, a verdadeira liberdade.

Para início de conversa, há aquela incômoda questão do tempo. Se nos apaixonássemos repetidas vezes sem parar, mudando de objeto no momento em que a atração começasse a diminuir, passaríamos dias imersos na eternidade da paixão romântica. Parece ótimo, não? Certamente parece bom viver para sempre sob a sensação onipotente de parar a inexorável progressão do tempo, mas, na realidade, viver nessa ilusão acabaria por nos levar ao vazio e à apatia.

A impermanência, dolorosa conseqüência da passagem do tempo, dá significado a nossas vidas[13]. Como escreve Adam Phillips: "A morte nos faz amar a vida; a passagem das coisas que é a fonte da nossa felicidade"[14]. Ou, como diz Joni Mitchell, num tom mais moderno: "Só damos valor às coisas, depois que as perdemos"

Há também a questão da escolha e sua centralidade para uma vida bem vivida. Se nos fosse permitido mudar de um novo amor para outro a cada mínimo desentendimento[15], se tivéssemos garantia de que todas as nossas decepções poderiam ser curadas encontrando alguém novo e mais perfeito, nunca aprenderíamos uma lição fundamental da vida: simplesmente não podemos ter tudo. Todas as escolhas importantes envolvem ao mesmo tempo a realização de um ganho em potencial e também a aceitação de uma perda inevitável. Paradoxalmente, se fôssemos capazes de escolher parceiro após parceiro, nunca conheceríamos a verdadeira liberdade, obtida quando canalizamos as nossas próprias capacidades e as usamos para fazer escolhas que nos permitem viver a melhor vida que podemos.

Por fim, há a questão de como crescemos a partir da colisão com o eu autêntico e separado dos nossos amantes. Se nos apaixonássemos repetidas vezes, iríamos ver sempre os nossos amantes (e a nós mesmos) sob a luz rósea do romance, matizada de dopamina. Poderia ser um extraordinário prazer passar a vida nos apaixonando uma vez, e outra e outra, e a cada vez encontrando em nossos parceiros a imagem idealizada de nós mesmos, mas nunca nos beneficiaríamos do atrito transformador que decorre de conhecermos alguém intimamente e de sermos conhecidos intimamente por alguém diferente e separado de nós. Nunca alcançaríamos o tipo de amor a que Iris Murdoch se referiu quando escreveu: "Amor... é a compreensão extremamente difícil de que alguma coisa diferente de nós é real".

Não, a monogamia em série pode ser agradável durante algum tempo, mas, como o pesadelo em que se bebe água sem jamais conseguir aplacar a sede, acaba por nos mergulhar num poço vazio sem fundo. A verdadeira liberdade, mais uma vez, não vem de viver uma vida sem limitações, e sim de nos libertarmos das limitações que ocorrem quando não podemos tolerar aspectos do nosso próprio ser. A verdadeira libertação, portanto, vem do tipo de auto-aceitação que encontramos quando nos comprometemos com um relacionamento íntimo e estável.

Planejando viagens íntimas

Muitos de nós sonhamos em viajar depois de aposentarnos. Sonhamos em ver mundos que nunca vimos, expandir nossos horizontes após uma vida de trabalho e responsabilidades cuidando da família. Que tal pensarmos em um outro tipo de viagem? Que tal imaginarmos explorar não só as terras distantes que sempre desejamos conhecer, mas também paisagens infinitas e fascinantes do nosso eu interior e também do eu interior de nosso parceiro?

Seguem abaixo algumas diretrizes para a meta ambiciosa, porém alcançável de encontrar um mundo de possibilidades num relacionamento estável.

- **Se está pensando em ter um caso, faça a si mesmo algumas perguntas difíceis.** O que tem evitado falar com o parceiro? E quais as partes de si mesmo que está protegendo ao não falar sobre essas coisas? Na maioria das vezes, um caso extraconjugal é o caminho mais fácil; um recurso para evitar uma intimidade mais profunda, mais rica e, com freqüência, mais arriscada. É uma forma de não avançar para alguma coisa melhor, e sim de recuar diante de uma mais difícil.

- **Seja honesto consigo mesmo.** Quando se pegar dizendo a si mesmo: "Posso ser mais eu mesmo com ele/ela, de um modo que não consigo ser com meu marido/mulher", pergunte-se por que lhe parece assim. Às vezes o parceiro tem dificuldades com o jeito de você ser. Mas, se esse jeito é mesmo importante para você, tenha coragem de perseverar.

- **Concentre-se nas vantagens e não nos custos do compromisso.** Sim, o compromisso de fato envolve sacrifício. Isso acontece com tudo que vale a pena. Mas, quando se trata de compromisso íntimo, o lado de cima pesa mais que o de baixo.

- **Invista.** O tipo de compromisso que nos habilita a mudar e a crescer exige esforço. Todos queremos nos poupar, mas todos temos de nos obrigar a ser abertos, sobretudo quando as nuvens estão pesadas. Quando se trata de relacionamentos íntimos, é como se retirássemos tudo o que havíamos depositado neles.

- **Lembre-se de que a verdadeira liberdade não virá pelo fato de ultrapassar limites;** ao contrário, virá pela concentração de forças e talentos para que você possa viver plenamente e bem no mundo como ele é.

O compromisso num relacionamento é, quase por definição, um esforço partilhado. Portanto, é difícil comprometer-se quando você sente que o cônjuge não deseja fazer isso no mesmo grau. Além disso, pode ser uma tarefa desanimadora tentar encorajar e levantar o nível de seu comprometimento. Mas não é impossível. A solução é uma ferramenta um tanto difícil de reconhecer com exatidão, mas que acaba por ser muito poderosa, destacada repetidas vezes nestes trechos de recomendação para aqueles que precisam, em termos relativos, assumir a parte do leão na sobrecarga do relacionamento – modelando-o pelo exemplo:

- **Não se concentre no que considera que o parceiro vem fazendo errado.** Em vez disso, pergunte a si mesmo qual a sua contribuição na criação das dificuldades.

- **Enfatize mais o "nós" que o "eu".** Preocupe-se mais com o que pode dar ao relacionamento do que com o que pode obter do cônjuge.

- **Pense e fale sobre compromisso em termos positivos.** Nos dias atuais, compromisso pode ser encarado legitimamente como "bacana".

- **Acima de tudo, modele o compromisso.** E não seja hipócrita ao dar o exemplo.

O abraço na porta

– Que abraço o Chuck te deu hoje quando saiu – disse Jesse, e logo lamentou a forma como deixou a sua irritação transparecer.

– Chuck às vezes é um pouco íntimo demais – respondeu Amy, num tom mais despreocupado que o do marido. – Em especial depois de tomar algumas taças de vinho.

– Íntimo? Íntimo tipo "quase agarrar seu traseiro?" – Jesse enfiou a chave na ignição do carro com um pouco mais de ênfase. – Não que você tenha parecido se incomodar.

– Está com ciúme? – Desprendeu-se da voz dela um tom brincalhão; tentava manter as coisas leves.

Ele pensou na festa. Na certa não tinha muito direito a queixar-se. Afinal de contas, passara quase a noite toda imaginando como seriam os corpos por baixo das roupas escolhidas com todo esmero pelas prósperas mulheres de meia-idade.

Também Amy pensava na festa. Não gostara da mão de Chuck, na verdade mais no quadril que no traseiro. Não gostara porque não o apreciava muito. Mas agora, no conforto do carro a caminho de casa, percebeu que o abraço lhe causara uma outra sensação, mais sorrateira e, de forma surpreendente, desconhecida. Sentira-se desejada.

Jesse quebrou o silêncio.

– Então acha Chuck atraente?

– Por favor, está brincando? – Agora ela se esforçava para afastar Jesse de uma conversa séria; não queria perder o prazer privado de sentir-se atraente no espaço partilhado da conversa – Você acha? – perguntou, desviando a atenção de volta para Jesse.

– Se eu o quê? Se acho Chuck atraente?

– Não, panaca. Acha outras mulheres atraentes?

Jesse se enrijeceu. Não havia grandes segredos entre os dois; é claro que ele reparava em outras mulheres, e é claro que ela sabia que ele reparava. Mas falar em voz alta sobre quanto ele olhava era colocar a questão num nível concreto que ele nunca expusera.

– Vamos lá – insistiu Amy. – Vejo nos seus olhos. Fale comigo de sexo, me diga o que acha mesmo disso.

Surpreendeu-se consigo mesma. Talvez fosse o vinho, talvez se sentir desejável a encorajasse, mas agora queria convidar o marido para o mesmo lugar do qual há pouco o afastava.

Jesse ouviu a pergunta da esposa, mas agora desviara o pensamento nas outras mulheres para o estranho sentimento que o dominou ao ver o amigo abraçar a esposa. Era o mesmo estranho sentimento que começara a aparecer nos sonhos que vinha tendo ultimamente, nos quais Amy era atraída para outros homens. Na verdade, não fazia sexo com eles, mas os desejava com a mesma vontade com que outrora o desejara. A estranheza era que, em vez de sentir ciúme no sonho, gostava de vê-la de maneira mais erótica e imediata que na instável mistura de conforto e decepção em que viviam agora.

Ficaram ali sentados no carro em silêncio, a insistência de Amy em que falassem ainda no ar. Por fim Jesse retornou à pergunta.

– É – penso em mulheres o tempo todo. O tempo todo.

– Gostei de ouvir isto – ela admitiu.

A naturalidade na voz surpreendeu-o.

– Gostou de ouvir? – perguntou.

– Gostei mesmo. Estive pensando a respeito nos últimos tempos. Você já reparou que, quanto mais confiáveis, também mais enfadonhas ficam as coisas?

– Não é este o compromisso que dizem que todos devemos assumir? – indagou Jesse, com um tom de condescendência na voz. – Que casamento significa trocar a excitação pela segurança, ou coisa que o valha?

Jesse se aborreceu com a própria racionalidade. Naquela noite, o acordo tácito de manter as coisas sob controle fora suspenso, e ele mais uma vez se escondia por trás dessa maldita racionalidade.

Amy resgatou os dois da iminente segurança:

– Parece que a confiança que temos um no outro devia facilitar uma conversa sobre questões mais difíceis.

Estimulado por Amy, ele voltou ao assunto da conversa.

– Para ser franco, você não tem mesmo interesse em transar com Chuck?

– Não tenho o menor interesse em transar com Chuck – ela respondeu, enfática. – Mas, para ser honesta, gostei que ele me desejasse.

– Não basta que eu deseje você?

– Não tenho tanta certeza se você me deseja, Jesse – respondeu Amy, em voz baixa.

– Fala sério? Sou eu quem sempre quer mais sexo, não você.

– Quer sexo, mas isso não significa necessariamente que queira a mim.

Jesse esforçou-se para ver a verdade no que ela dissera. Pensou como fechava os olhos quando faziam amor. Fechava porque aquelas mesmas coisas que o excitavam – a voz dela, o cheiro, a proximidade do corpo – agora sentia como se fossem intromissões. Mas, ao ver Chuck abraçá-la, sentiu o mesmo que sentia nos sonhos. Ele a desejara. Não apenas sexo: ela.

– Sabe, ando tendo uns sonhos ultimamente – ele começou a contar.

SEGUNDA PARTE

Escolhas partilhadas

As quatro primeiras resoluções descritas neste livro,

- **Adotar uma visão duradoura do amor**
- **Comemorar as diferenças**
- **Fazer sexo de verdade**
- **Encontrar a liberdade pelo compromisso**

são a base para manter a energia e a vitalidade de nossos relacionamentos durante os muitos conflitos, adversidades e mudanças de uma intimidade duradoura. Essas resoluções nos orientam em nossos esforços para construir um espaço seguro, no qual nos arrisquemos a abrir um para o outro a mente, os sentimentos e os corpos.

A partir daqui, as resoluções descritas neste livro passam por uma mudança sutil. As quatro restantes, também nos ajudam nos esforços para a construção e a manutenção de um relacionamento de longo prazo.

- **Acreditar em algo mais importante que vocês mesmos**
- **Abandonar hábitos e vícios**
- **Perdoar e agradecer**
- **Brincar**

A relativa ênfase, porém, é mais sobre o crescimento pessoal do que sobre a construção do relacionamento. Essas últimas resoluções nos mostram como o atrito criativo proporcionado por um relacionamento de longo prazo pode ampliar a experiência de nós mesmos e do nosso mundo interior.

Tomadas em conjunto, todas as oito resoluções respondem à pergunta: "Por que continuar juntos?" de um modo francamente positivo: "Porque os relacionamentos íntimos podem nos ajudar a ser pessoas melhores".

CAPÍTULO 5

ACREDITAR EM ALGO MAIS IMPORTANTE QUE VOCÊS MESMOS[1]

Em essência, este livro se baseia num simples paradoxo: o melhor modo de fortalecer nosso eu individual é abrindo-nos aos outros que nos são importantes.

Infelizmente, a tendência atual a um interesse egoísta e míope pode nos levar a negligenciar essa verdade fundamental. Em conseqüência, é comum tentarmos alimentar nosso eu exatamente do modo errado.

Clara e Austin me pediram que os ajudasse a parar de brigar. O pedido era compreensível, pois as discussões ficaram muito sérias. Clara gritava com freqüência com Austin, até mesmo na frente dos filhos, chamando-o de "fraco", "degenerado" e "covarde". Austin nunca perdia a calma, mas, quando falava com Clara em tom frio e crítico, chamando-a de "burra", "desleixada" e "simplória", as palavras não eram menos ofensivas.

A princípio tentei insistir com o casal na idéia de que essas brigas poderiam expressar antigas mágoas e necessidades não reveladas, e argumentei que revelar essas mágoas e necessidades poderia ajudar a retirar um pouco do ferrão delas. O casal não aceitava:

– Temos uma vida perfeita, exceto pelas brigas – disse Clara. – Na verdade, não nos importamos muito com o motivo, apenas queremos parar de brigar.

Na superfície, eles tinham mesmo uma vida "perfeita". Ambos eram bem-sucedidos nas carreiras; além de carros de luxo, eram donos de uma bela casa num bairro nobre e proporcionavam aos filhos todas as vantagens de aulas, acampamentos e escolas particulares. O dinheiro da família lhes permitira comprar uma casa de veraneio em Martha's Vineyard, e eles eram bastante estratégicos em se envolver com os melhores círculos sociais. Pareciam fazer tudo certo, exceto, é claro, pelo fato de que se despedaçavam um ao outro todas as noites.

Ah, e mais uma coisa: a vida deles, embora resplandecente e bem-sucedida, parecia totalmente sem alegria.

Durante oito meses trabalhamos segundo as regras de Clara e Austin. Aprendi a não lhes perguntar por que se feriam um ao outro e, depois de algumas investidas inúteis, também parei de perguntar em que medida lhes parecia vazia a vida que levavam. Conversar sobre por que nunca faziam sexo por certo estava fora de cogitação. Em vez disso, adotei o método profissional, ensinando Clara e Austin a reconhecer as palavras-chave que desencadeavam as brigas, para que fizessem um "intervalo" quando a briga de fato começasse e pedissem desculpas no desfecho.

Quase sempre, os dois revelaram-se alunos aplicados, e as coisas melhoraram bastante.

Oito meses após o início, os dois me agradeceram com toda educação, concluindo nosso trabalho. Durante alguns anos continuei a pensar neles, sempre com um pouco de desconforto. Não compreendia o que me perturbava até começar a escrever este capítulo.

Suponho que em algum nível Clara e Austin gostassem um do outro, mas jamais achei que sentissem um amor muito profundo. Ambos sem dúvida eram motivados pelo sucesso, mas não me parecia que acreditassem em seus trabalhos. Eram pais atenciosos, pelo menos até certo ponto, mas mesmo com os filhos parecia que lhes faltava um nível de sentimento e compromisso. Talvez esteja sendo injusto, mas em retrospecto as palavras de T.S. Eliot parecem aplicar-se a eles: "Não há traição maior do que fazer a coisa certa pelo motivo errado". Clara e Austin não queriam parar de brigar porque se sentiam mal ferindo um ao outro, nem porque as discussões criavam um ambiente péssimo para os filhos. Queriam parar de brigar porque não brigar era o item final da lista de coisas a fazer na vida perfeita deles.

No capítulo 2, escrevi sobre como tentamos manter-nos seguros nos relacionamentos íntimos induzindo os cônjuges aos nossos "hábitos" conhecidos e controlados, poupando-nos assim do risco de encontrarmos nosso eu imprevisível e separado do nós. Ao agirmos assim, privamo-nos de uma interação importante com outros autênticos e diferentes de nós e, desse modo, sabotamos o relacionamento e o crescimento pessoal.

Da mesma forma que crescemos tratando os amantes como seres autênticos e independentes, permitindo que eles sejam realmente importantes para nós, também crescemos quando desistimos da nossa onipotência e controle, a fim de permitir que a própria vida seja o que de fato importa.

"Deixar que a própria vida seja o que de fato importa?" Mas a vida já não é o que de fato importa para quase todos nós? Claro, mas o crescimento exige uma mudança sutil, embora importante no nosso relacionamento. Retornando a um tema agora conhecido, a monogamia torna o sexo importante. A luta torna o empreendimento importante. As limitações financeiras tornam o dinheiro importante. E, talvez no nível mais profundo, a natureza finita do tempo torna importante o que nos resta. Permitir que a vida seja o que é, de fato importante, exige que façamos o que Clara e Austin não conseguiam: livrarmo-nos da ilusão de alcançar a perfeição e, em vez disso, adotarmos a idéia de que a vida revela suas alegrias e sentidos pelas limitações que impõe.

Acreditar em algo mais importante que vocês mesmos. Esta é a quinta resolução. Quando acreditamos em alguma coisa mais importante do que nós mesmos, passamos a nos ver em dimensão natural, a nos abrir ao aprendizado com um mundo que tem muito a nos ensinar, e nos tornamos pessoas menos egocêntricas e, portanto, melhores.

Os relacionamentos íntimos e duradouros nos oferecem um excelente foro para levar adiante essa resolução.

PETER E STEPHANIE SILVA

Peter e Stephanie Silva tinham construído vidas notáveis. Namorados desde o colégio, haviam se casado poucos meses após a formatura, e Peter, precisando de um salário fixo, passou a trabalhar na loja de materiais de escritório da família logo depois do casamento. Stephanie o acompanhou, e durante os trinta e cinco anos seguintes, enquanto criavam três filhos, os dois transformaram a pequena loja de varejo com que os pais de Peter haviam começado numa empresa de âmbito nacional.

Eram parceiros em todos os sentidos da palavra: dedicavam-se aos três filhos e cinco netos, compartilhavam os mesmos valores e, apesar do sucesso, ainda preferiam os prazeres simples. Como Stephanie contou no primeiro encontro no consultório:

— Somos convidados a festas de caridade, onde as pessoas falam de todos os assuntos sofisticados. Enquanto isso, eu e Peter temos vontade de gritar: "Escute, cadê as cervejas e os cachorros-quentes?"

Três anos antes de eu conhecê-los, Peter e Stephanie haviam vendido a empresa e agora passavam o tempo viajando e reunindo-se com a família. Também esperavam conhecer melhor um ao outro, o que os levou a me procurar. Amigos comuns lhes haviam dito que eu os ajudara no casamento perturbado, e os dois concordaram com a sugestão de um encontro por semana.

— É como tomar um cafezinho com uma pessoa que está ali para nos escutar — disse Stephanie. — Acho que é um cafezinho um pouco caro, mas não faz mal, podemos pagar.

Durante os primeiros meses de encontros, a conversa concentrou-se nos sentimentos do casal pelos filhos, as deliberações sobre questões financeiras, considerações relacionadas aos pais idosos de ambos, e até sexo, em relação ao qual esperavam tornar-se mais abertos. Também me falaram de alguns problemas mais antigos. Um desses, muito difícil, foi quando souberam que o filho mais velho, Kyle, era homossexual, e Peter, muito mais que a esposa, relutou em aceitar.

— Isso não apenas afetou o relacionamento dos dois — disse Stephanie —, mas também o nosso. Fomos criados numa cidadezinha rica e branca, e se tivesse havido quaisquer indicações disso nós teríamos sido segregados. Principalmente Peter, não apenas porque os pais eram pequenos comerciantes, mas também porque é português. Imaginei que, mais que qualquer um, ele devia saber como dói sentir-se diferente.

– Dizer que Stephanie não ficou contente seria atenuar os fatos – lembrou Peter, retraindo-se com a lembrança. – Sabia que ela estava certa, mas eu não conseguia falar daquilo. Posso lidar com questões de ordem prática, mas o lado emocional sempre foi o forte dela. Ainda bem que ela insistia sempre em conversar comigo a respeito.

Este episódio, embora difícil, ilustrava muito bem o que era bom no relacionamento de Peter e Stephanie. O casal não temia conversar um com o outro quando alguma de suas preocupações ou desvantagens aflorava – a timidez, o mau humor ocasional e a tendência de Peter a mostrar-se um pouco teimoso ao tomar decisões, ou as freqüentes sensações de Stephanie de não ser muito inteligente, as eventuais crises de depressão e ansiedade – e assim os dois puderam ajudar um ao outro a permanecer nos trilhos. Eu me sentia privilegiado por ser incluído em suas conversas, e uma vez, quando consegui questionar minha necessidade de ser útil ("Nossa, doutor, achei que vínhamos aqui para você nos ouvir falar"), a conversa fluiu com mais tranqüilidade e franqueza.

Vários meses após o início do trabalho, porém, tudo deu uma surpreendente reviravolta. Peter e Stephanie retornaram de uma viagem a Portugal e à Irlanda – terras natais dos respectivos avôs – e perceberam que alguma coisa ia mal:

– Quando voltamos, começamos a nos perguntar: "Que vamos fazer em seguida?" – disse Peter. – Outra viagem divertida? Recomeçar as sessões de terapia? Tudo o que de fato eu sabia é que precisava de uma dieta; acho que engordei uns dez quilos desde que me aposentei. Sabe o que acho que sinto? Nunca me senti entediado antes, portanto não sei como reconhecer este sentimento, mas acho que estou entediado.

– Ele tem razão – acrescentou Stephanie. – Quando estávamos construindo nossa empresa e criando nossos filhos, não tínhamos escolha, além de levantar às cinco da manhã e trabalhar até as onze da noite. Era duro, mas nos sentíamos realmente felizes. Agora não temos mais preocupação com dinheiro – nem nossos filhos terão –, mas parece que alguma coisa anda errado com a nossa vida.

SERES AUTÊNTICOS, SERES HUMILDES

Peter e Stephanie eram, em termos técnicos, da geração do pós-guerra, mas sob muitos aspectos haviam sido criados de acordo com os princípios da anterior – a que Tom Brokaw chamou de "a maior geração[2]". Tinham dedicado a vida ao trabalho e à família e, como muitas pessoas que realizaram alguma coisa importante, não consideravam essas conquistas particularmente notáveis.

– Não parecia um grande desafio, porque na verdade nunca tivemos escolha – disse Peter. – Era uma coisa que nunca entendi em alguns jovens recém-saídos da faculdade de administração que contratávamos. Eram inteligentes e instruídos, mas não tiveram que dar duro como a gente e alguns pareciam ver essas oportunidades como uma coisa natural.

Agora, contudo, Peter e Stephanie eram os que não precisavam trabalhar. Nunca mais se inquietariam por causa de dinheiro e jamais, se assim preferissem, teriam de dar satisfações a ninguém, além de si mesmos. Como ele observou, à sua característica maneira brusca:

– As mesmas pessoas que nem olhariam para nós, porque não estudamos em Harvard, agora nos bajulam porque somos ricos.

Parece maravilhoso, não? Nunca mais ter problemas financeiros? Mas de fato Peter e Stephanie haviam se deparado com um problema: como eu via acontecer de vez em quando com meus clientes mais ricos, sobretudo com os filhos, um grande sucesso financeiro traz consigo poderosos desafios. Por quê? Mais uma vez voltamos àquela premissa central e repetida: se desejamos que a vida tenha um sentido concreto e duradouro, precisamos colidir sempre com pressões e limitações. Ou, como disse Stephanie:

– Não sabíamos como era bom o que tínhamos até as coisas ficarem difíceis.

Essa questão de como enfrentar a realidade pode nos ajudar a crescer e é tão importante que vale a pena examiná-la sob ainda mais uma lente: o conceito muitas vezes usado e muitas vezes mal compreendido de "individualidade".

A capacidade de cuidar e de alimentar nossa individualidade é um privilégio surpreendentemente recente. Idéias de "eu" só se enraizaram na Europa entre os séculos XV e XVII[3], quando melhorias nos padrões de vida deram às pessoas a possibilidade de subir na hierarquia das necessidades, da mera sobrevivência a alguma coisa próxima à auto-realização. Mas os tempos mudaram, e hoje tais noções como "seja você mesmo", "conheça a si mesmo" e "expresse-se" parecem direitos inalienáveis. Na verdade, o pêndulo deu uma volta tão completa que acabamos ficando confusos sobre onde termina essa individualidade saudável e onde começa o prejudicial egocentrismo.

Individualidade é um tema de profunda complexidade, responsável por inúmeros livros, canções, poemas, tratados teológicos e artigos em revistas científicas, mas os princípios básicos de um eu saudável podem ser especificados com surpreendente facilidade:

Quando falamos de um "saudável senso de eu":

- Não nos referimos ao eu consumista, exteriorizado e que se julga merecedor de tudo, da nossa moderna mentalidade de "podemos ter tudo isso e se não pudermos alguém deve ser culpado", mas nos referimos ao eu com suficiente continuidade, solidez e vitalidade para ser gerador, generoso, autêntico, altruísta e que ame com sinceridade.

- Não nos referimos a eus seguramente isolados pela ilusão de perfeição, mas a eus que crescem graças à virtude de se abrirem para a própria imperfeição humana.

- Tampouco nos referimos ao eu que alardeia realizações, mas ao "eu" que tem bastante substância e solidez para ceder a posição de importante e, por ironia, ser menos obcecado com a própria presunção de si mesmo.

Em termos mais simples, uma individualidade saudável não tem absolutamente nada a ver com a atitude do tipo "tudo gira em torno de mim" que parece permear a nossa sociedade. Baseia-se antes num senso de solidez pessoal mais tranqüilo e abrangente.

Então, o que contribui para um saudável senso de eu?[4] Bem, esta também é uma questão de óbvia complexidade, determinada pela confluência de fatores individuais, sociais, constitucionais e psicológicos, porém mais uma vez alguns princípios simples nos dizem quase tudo que precisamos saber.

- No início da vida, o eu saudável é alimentado pelo amor e a generosidade dos pais e outros responsáveis.

- Amparado por uma constituição de base biológica, tem a capacidade de suportar a expectativa de sentimentos dolorosos na vida, desse modo dando espaço à mente para que cresça mais forte e sólida.

- Também é ajudado quando tem a sorte de crescer em ambientes que respondem à sua autenticidade validando-o, em vez de criticá-lo ou envergonhá-lo.

- E é ainda mais preservado na vida adulta pela honestidade, autocrítica, compaixão por si mesmo e pelos outros, o respeito próprio e a consciência de si.

Há ainda um outro fator, talvez menos evidente que os precedentes, mas não menos importante: as pessoas com o eu sólido também têm uma profunda capacidade de ver-se em perspectiva, sem se engrandecer nem se denegrir. Em suma, as pessoas com o eu saudável possuem humildade.

Humildade: muitas vezes pensamos em humildade como apenas uma questão de decoro, mas de fato a humildade pode ser uma força extraordinária nos esforços para nos sentirmos satisfeitos e vivermos bem. Quando nossas percepções de eu são governadas pela humildade, somos capazes de enxergar além das nossas necessidades e compromissos relativamente estreitos para apreciar o valor de pessoas, princípios e idéias como independentes de nós. Somos capazes, em conseqüência, de amar mais profundamente, ser mais apaixonados e viver com mais plenitude.

Somos capazes de deixar a vida ser o que de fato importa.

E qual é o caminho mais direto para alcançar tal humildade? Acreditar em algo mais importante que nós mesmos. Talvez mais que as outras resoluções observadas nestas páginas, esta resolução – cujo objetivo é captar o profundo significado da humildade – seja a que mais nos protege contra a onipresente armadilha do egocentrismo que amesquinha a vida. E fazer isso também nos encoraja a explorar os aspectos íntimos que conduzem ao genuíno e duradouro crescimento pessoal.

Como exemplo, retornemos à história de Peter e Stephanie.

Não pendurar as chuteiras

Peter e Stephanie viam o problema com muita clareza:
– Precisamos encontrar alguma coisa para investir novamente

– Stephanie declarou. – Mas como fazer isso? Não estou interessada em começar uma nova empresa.

– Será que não existem outras coisas que valham o investimento de vocês? – perguntei.

– Que faremos então? – perguntou Peter. – Éramos bons em levar um negócio adiante. Não sabemos muito sobre qualquer outra coisa.

Peter acreditava que ele e Stephanie tinham pouco a contribuir; apesar de todo o sucesso, o casal ainda conservava fortes traços de insegurança. Ele fora um patrão confiável e querido, mas, com exceção do casamento, sentia-se pouco à vontade nos outros relacionamentos. (É provável que o maior obstáculo para lidar com a homossexualidade de Kyle fosse a dificuldade em falar sobre qualquer coisa pessoal, e mais ainda um assunto tão carregado quanto a sexualidade do próprio filho.) Ela, por outro lado, confiava em seu bom senso, mas acreditava que o cérebro por trás do sucesso da empresa pertencia ao marido e subestimava a própria contribuição.

Pela primeira vez em nosso relacionamento, enfrentei Peter e Stephanie.

– Não aceito essa história de vocês não "saberem muito sobre qualquer outra coisa", disse, em tom de brincadeira. Depois, acrescentei, mais a sério:

– Os dois tiveram vidas excepcionais. Mas, como todos nós, fazem esse tipo de jogo de ostra, no qual expõem todas as forças e escondem as inseguranças por trás delas. Talvez esteja na hora de conhecer as partes de si mesmos em relação às quais se sentem inseguros.

– O que você acha que nos faz sentir inseguros? – perguntou Stephanie.

– Na certa é diferente para cada um. Peter é muito tímido quando se trata de relacionamentos mais íntimos. Sei que as coisas vão melhor com Kyle, por exemplo, porém é mais como uma trégua que uma verdadeira resolução. –

Em seguida, dirigindo-me diretamente a Peter, perguntei:
– Como seria a sua vida se você se empenhasse mais fundo nos relacionamentos? – Então, voltando-me para Stephanie, acrescentei: "E como seria se você se libertasse dessa imagem que faz de si própria como apenas uma mulher trabalhadora, da classe operária, que subiu na vida graças ao marido? E se admitisse que é muito inteligente?

Após quase um minuto, rompi o silêncio.

– Então, que acham disso?

– De fato eu gostaria que meus relacionamentos fossem mais íntimos – respondeu Peter, a voz sombria e até um pouco tristonha. – Eu seria mais parecido com meu pai. Ele nunca foi um grande sucesso, mas sabia falar com todo mundo a respeito de tudo. E, quanto a Stephanie, fizemos o que fizemos juntos. Gostaria que ela soubesse disso.

Então os dois decidiram escrever o próximo capítulo de suas vidas. Consideraram a possibilidade de fundar e administrar uma instituição de caridade, mas concluíram que isso não os mudaria em "pontos" que haviam resolvido mudar: a timidez de Peter e o sentimento de insatisfação intelectual de Stephanie.

– Não vejo onde o fato de pessoas nos pedirem dinheiro vá nos testar – disse Peter. – Imagino que seria muito semelhante a um show sem variedades.

Pensaram na possibilidade de prestar assessoria a outras pequenas empresas, mas a idéia também não os entusiasmou.

–Parece que a questão é encontrar alguma coisa nova – disse Stephanie. – Receio que prestar assessoria seria fazer o que sempre fizemos.

Como ocorre com freqüência, a solução para Peter e Stephanie veio de um lugar muito pessoal e doloroso: a sensação de fazerem parte da "parcela menos prestigiada da comunidade". Recordaram os vexames, as conversas interrompidas quando passavam pelo corredor da escola, a surpresa condescendente dos professores quando se saíam bem nas provas.

– A gente na verdade não podia participar de nenhuma tomada de decisão – lembrou Stephanie –, mas me faziam sentir tão suja, que todo dia quando chegava da escola a primeira coisa que eu fazia era tomar um banho.

Ao longo dos anos, Peter e Stephanie usaram essas desfeitas para se motivarem e agora voltaram mais uma vez a esses velhos ferimentos e inseguranças, em busca de motivação. Quarenta anos depois de terem sido crianças sem privilégios, decidiram tornar as coisas mais fáceis para jovens em situações semelhantes.

Começaram envolvendo as associações comunitárias em sua idéia. Através dos muitos contatos, eles recrutaram várias empresas para contratarem jovens em desvantagem num programa de trabalho e estudo. Os contratados receberiam uma valiosa experiência (os empregos eram educativos e desafiadores), contatos e bolsas de estudo. Os empregadores ganhariam publicidade positiva e poderiam financiar parte dos seus custos com os fundos que receberiam do programa de Peter e Stephanie.

Em seguida, mobilizaram o sistema escolar local. Peter e Stephanie haviam contribuído com grande generosidade para o desenvolvimento da cidade e da antiga escola ao longo dos anos, e isso os ajudou a abrir as portas. Conseguiram que a escola patrocinasse o programa, dando, entre outras coisas, crédito acadêmico para os participantes.

E em seguida "venderam" a idéia aos jovens.

Como mencionei antes, Peter sempre fora tímido. Agora se esforçava para envolver-se profundamente com os adolescentes que se inscreviam no programa. Incentivava-os a entrar para a faculdade, observando que, apesar do próprio sucesso, sempre se sentira depreciado por não ter cursado uma. O programa que ele e Stephanie haviam criado, afirmava, tornaria um pouco mais justo um processo que muitas vezes é injusto. A participação ajudaria os alunos a criar contatos e referências; além de dar-lhes acesso aos conselheiros de universidades privadas, orientadores para as provas padronizadas e outras das vantagens que os jovens mais ricos tinham. E os ajudaria a reduzir os gastos com a faculdade: um aspecto importante da proposta de Peter e Stephanie era a agregação financeira do fundo para as bolsas de estudo, parte das quais ganha com o trabalho, e a maior parte vindo do dinheiro doado ao programa.

Enquanto Peter se dedicava a conhecer "meus meninos", aprendendo sobre suas formações e lutas, envolvendo-se com as famílias deles e tornando-se a pessoa a quem eles recorriam diante de alguma dificuldade, Stephanie lidava com homens de negócios, comissões educacionais e com as regulamentações do governo relacionadas a organizações sem fins lucrativos. Em suas próprias palavras, ela fazia o trabalho "inteligente" que antes coubera a Peter.

Em dois anos, os dois haviam construído uma organização da qual os jovens em desvantagem orgulhavam-se de fazer parte. O programa que criaram, além de fazer muito bem ao mundo, também lhes dava a oportunidade de permanecer ativos e vitais bem depois de sua "suposta aposentadoria".

Peter descreveu muito bem isso, meses mais tarde, depois que terminaram nossos encontros regulares, quando voltou com Stephanie apenas para "dar uma checada":

– Sabe, talvez eu não seja aquela pessoa ponderada – comentou –, mas não concordo com a afirmação de que "a vida não questionada não vale a pena ser vivida". Acho que fico mais feliz quando estou resolvendo um problema. E os melhores momentos para mim e Stephanie são quando resolvemos problemas juntos.

Da humildade à generatividade

Erik Erikson considerava uma das tarefas principais do envelhecimento alcançar a "generatividade[5]", descrita por ele como a preocupação com o desenvolvimento da comunidade humana e o bem-estar das próximas gerações, aceitar a nossa falibilidade e humanidade, apreciar com realismo o nosso lugar em uma ordem maior e usar a sabedoria conquistada para fazer do mundo um lugar melhor para os outros.

O primeiro vestígio de "generatividade" ocorre muitas vezes com o nascimento dos filhos, quando sentimos, em muitos casos pela primeira vez, que existem outras vidas mais importantes que a nossa. Com o tempo, os sentimentos profundos e relativamente desprendidos que tínhamos pelos filhos (sentimentos que pareciam faltar em Clara e Austin) se expandem para os netos e chegam até, se a nossa maturidade e sabedoria continuem a crescer, a estender-se além da própria família, ao nosso semelhante.

Parece altruísmo ingênuo? Sob muitos aspectos, esse desprendimento também nos favorece. Importar-se com pessoas e princípios diferentes de nós e dos nossos nos ajuda nos dois mais difíceis desafios da meia-idade: prepararmo-nos para a própria morte e a apreciarmos a vida de uma maneira bem diferente da que apreciávamos quando éramos mais jovens.

Comecemos com a intimidante proposta de enfrentar o fato de que nos resta tempo limitado.

O desprendimento e a humildade desempenham papéis fundamentais em nossos esforços não só para aceitar, mas também para acolher a natureza finita das nossas vidas. O reconhecimento de que não somos o centro do universo, como costumávamos acreditar quando jovens, torna mais fácil o desprendimento da vida à qual antes tanto nos apegávamos. A compreensão de que existem pessoas e princípios mais importantes que nós mesmos torna possível ceder de bom grado e com generosidade a posição mais importante à geração seguinte.

E também o modo de ver a nós mesmos em tamanho natural nos ajuda a encontrar alegrias e satisfações novas, e em muitos aspectos mais bem enraizadas, à medida que envelhecemos.

Quando estamos na casa dos vinte, trinta e quarenta anos, nossas aspirações onipotentes podem alimentar as ambições, com freqüência nos levando a conquistas reais. Se não aprendemos a nos enxergar em tamanho natural, sempre iremos nos comparar com um padrão inatingível e, em conseqüência, nos sentir aquém dele.

A humildade nos permite fazer um julgamento mais bondoso de nós mesmos. Quando somos capazes de nos ver com precisão em relação ao mundo que nos cerca, podemos simplesmente apreciar, a nós e às nossas realizações, de forma mais realista. E desse modo valorizar as realizações humanas simples e pessoais tais como criar famílias, fazer um trabalho útil que nunca chegue ao reconhecimento público, ter bons relacionamentos e tocar vidas individuais. E, como Peter e Stephanie, encontrar felicidade mergulhando em causas que nos apaixonam.

Podemos nos tornar nosso eu mais genuíno e menos narcisista.

ACREDITAR *JUNTOS* EM ALGO
MAIS IMPORTANTE QUE NÓS MESMOS

Tendemos a conhecer melhor os cônjuges do que qualquer outra pessoa. E eles, cônjuges, a nos conhecer melhor que qualquer outra pessoa. Conhecemos os pontos fortes e fracos um do outro e sabemos o que é mais importante para cada um. Esse conhecimento íntimo com freqüência torna o relacionamento muito difícil, mas também nisso o problema em potencial pode ser transformado numa poderosa oportunidade: o fato de conhecermos as vulnerabilidades e as forças mútuas nos dá uma capacidade especial de apoiar e desafiar um ao outro. Podemos nos ajudar a alcançar o tipo de crescimento que acontece quando desejamos nos abrir naqueles pontos que tendemos a esconder.

As resoluções esboçadas neste livro não devem necessariamente ser consideradas absolutos alcançáveis, e sim estrelas-guia às quais sabemos recorrer quando perdemos o nosso rumo. Como parceiros íntimos, podemos usar nossa influência sem igual para ajudar um ao outro a buscar e a encontrar essas estrelas. Elas se destinam a nos tirar da acomodação e nos levar àqueles lugares dentro de nós que precisamos reconhecer, se desejamos nos manter em crescimento e em mudança.

Então, como ajudaremos um ao outro a ser mais humildes e a acreditar em algo mais importante do que nós mesmos?

- **Trabalhem juntos para criar um estilo de vida que desenvolva o altruísmo, a ajuda mútua e a generatividade.** As recompensas que colhemos ao buscar esses valores não são "jeitinhos" pelos quais ansiamos com freqüência. São mais profundos e duradouros.

- **Ajudem um ao outro a manter a perspectiva em medidas mais superficiais de sucesso.** Nesta sociedade, fica difícil não se sentir péssimo com você mesmo se não consegue acompanhar o nível dos Jones. Mas, se seu cônjuge na verdade não precisa que você dirija um carro de luxo, torna-se mais fácil para você não dirigir aquele carro. Melhor ainda, se adora vê-lo dirigindo aquela lata velha, bem, fica muito mais fácil dirigir aquela lata velha.

- **Não temam chamar a atenção um do outro para suas presunções e manias de grandeza.** Todos as temos, em menor ou maior grau. Tendemos a evitar falar a respeito, com receio de que as nossas sejam, em troca, apontadas. Vá em frente, procure uma forma bem-humorada e simpática de abordar o narcisismo do parceiro. Mantenham um ao outro em terreno firme. Peçam um ao outro que mantenha um sentimento de humildade.

- **Incluam conversas sobre valores, política e questões sociais mais amplas como parte do relacionamento.** À medida que envelhecemos, tendemos a nos retirar para nossas áreas confortáveis. Quanto mais ricos somos, mais recursos temos para permitir essas retiradas. Estimulem-se um ao outro a ir na direção oposta: não se isolem, envolvam-se.

- À medida que envelhecem, e as responsabilidades com a criação dos filhos diminuem, **preencham o espaço com alguma coisa que não seja de interesse próprio.**

  – Reacendam seus princípios.

  – Façam trabalho comunitário juntos.

  – Contribuam para uma obra de caridade.

- **Torne-se a pessoa com a qual o parceiro deseje partilhar os sonhos.**

- **Não dê muita ênfase à busca direta da felicidade.** A felicidade é um subproduto de uma vida bem vivida, não uma meta, e é conquistada por meio da busca de empenhos significativos e, às vezes, até mesmo – ironicamente – dolorosos.

E se você estiver seguindo sozinho:

- Mais uma vez, **olhe em primeiro lugar para dentro de si.** Enfrente o próprio egocentrismo.

- **Em vez de pedir ao cônjuge para que ele melhore, peça-lhe ajuda para que você melhore.** Diga-lhe: "Quero começar a viver de um modo diferente. Gostaria de buscar coisas importantes para mim, e que não consegui alcançar. Você não precisa se juntar a mim se não quiser, mas eu gostaria que o fizesse".

- Se o seu parceiro não quiser, **vá em frente e seja uma pessoa melhor** mesmo assim. Não se vanglorie nem critique, apenas dê o exemplo e continue dando. O parceiro acabará tendo de fazer a escolha – ou unir-se a você ou perdê-lo.

Uma tranqüilizadora sensação de insignificância

– Meu marido morreu na semana passada.

A vizinha acenara para ele, tal como fazia quase todas as manhãs nos últimos vinte anos, quando se cruzavam, ele para dar a caminhada matinal, ela para apanhar o jornal deixado no jardim da sua casa. Ao contrário das outras vezes, porém, ela retribuíra o aceno, chamando-o. Foi quando lhe contara que o marido havia falecido.

– Sinto muito. Você está bem?

– Estou. Você sabe que eu já não o tinha mais fazia cinco anos.

Ele compreendeu. Vinte anos atrás, quando se mudaram para o bairro, o marido dela – "o doutor", como ele e a esposa o chamavam respeitosamente – era quem corria em volta da casa todas as manhãs. O tempo passou, os filhos nasceram e cresceram, e a corrida se reduziu a uma caminhada, mas o vizinho ainda conservava o vigor e o rosto brilhante e sorridente. Então, cinco anos antes sumiu por alguns meses. Quando reapareceu estava numa cadeira de rodas que a esposa empurrava pelo mesmo caminho por onde ele corria. Nos primeiros anos, o médico ainda nos dava aquele alegre "alô", mas depois a ambulância passou a visitar sempre a casa e ele parecia cada vez menos consciente. Mas mesmo então, embora o cérebro houvesse visivelmente deixado de funcionar, o rosto ainda transmitia o mesmo sorriso brilhante.

– Se precisar de alguma coisa nos avise, por favor, sim?

– Estou bem. Já faz tempo que venho cuidando de tudo sozinha, você sabe.

Ele ficou aliviado com a resposta. Durante a corrida, viu-se mergulhado na mesma irritação que sentia quando estava cansado de trabalhar e quando o dinheiro parecia nunca chegar para as despesas. Na verdade, é provável que não houvesse feito a pergunta se não soubesse de antemão que ela diria "não".

Minutos depois entrou em casa e encontrou a mulher sentada à mesa da cozinha, separando as contas a serem pagas.

– O doutor morreu – disse-lhe.

Não estava a fim de conversar; quando se sentia assim, falar parecia um esforço excessivo, mas sabia que não contar a ela seria uma injustiça ao relacionamento. Afinal, haviam compartilhado uma admiração silenciosa pelo homem durante aqueles vinte nos; dois adultos que nunca se sentiram bem adultos, achavam a proximidade do vizinho idoso tranqüilizadora.

Ela não ergueu os olhos dos cheques que assinava, mas ele viu que ouvira porque ficou muito imóvel. Depois de alguns instantes, levantou o rosto:

– Ele parecia um homem tão bom – disse, entristecida. – Sempre imaginei que viveu uma vida boa.

Essas palavras esclareceram o ressentimento que ele sentira. Imaginou-a empurrando a cadeira de rodas dele pela rua, um cobertor sobre os joelhos para protegê-lo da friagem do outono (talvez acontecesse o inverso, mas ele sempre acreditou que iria primeiro). Viu-se ralhando com os meninos da vizinhança por serem muito ruidosos – um grito bem diferente do alegre "alô" do doutor. Riu de si mesmo – quase sempre se levava a sério demais, pensou – e a irritação deu lugar à melancolia.

– Lembra quando compramos esta casa? – perguntou. – Como na primeira noite em que dormimos aqui ficamos imaginando se iríamos morar aqui até morrer?

Ela fez que sim com a cabeça, esperando que o marido prosseguisse, mas ele se perdeu em pensamentos. Essa manhã, naquela casa, com essa mulher que era sua esposa, com dois filhos na faculdade, um em Nova York, o outro na Costa Oeste, ele pôde sentir a vida que haviam construído juntos. Imaginou os filhos voltando a casa para o enterro dele, certamente tristes, mas depois retornando às próprias vidas. Era estranho que idéias sobre sua morte aliviassem a tensão e irritação, mas aliviavam. Infundiam-lhe um sentimento tranqüilizador de insignificância. As mesquinharias, as preocupações, a opressiva presunção – libertava-se de tudo isso pelo conhecimento momentâneo de sua própria impermanência.

CAPÍTULO 6

ABANDONAR HÁBITOS E VÍCIOS

Se você der a um rato um comprimido de comida toda vez que ele empurrar uma vareta, aprenderá a empurrar a vareta sozinho. Se der a esse rato um comprimido de comida a cada cinco vezes que ele empurrar a vareta, ele a empurrará com mais freqüência. E se quiser que esse rato passe o resto da vida fazendo quase nada além de empurrar a vareta, recompense-o de vez em quando e de modo imprevisível: ele será fisgado para sempre. Este último paradigma, que os psicólogos comportamentais chamam de "programa de reforço variável", é o meio mais poderoso para incutir um comportamento. Por isso que o jogo vicia tanto, e também é por isso que os fãs dos Red Sox continuam indo vê-los jogar todos esses anos[1].

Não chega a ser novidade o fato de os sistemas de recompensas desempenharem um papel fundamental em nossos hábitos e escolhas; a maioria de nós compreende que tendemos a repetir o que nos faz sentir bem e a não repetir o que nos faz sentir mal. Porém, nem todos sabem o grau em que comportamentos normais de busca de recompensas podem ter conseqüências adversas e insidiosas para nós. E essas conseqüências só pioram, à medida que envelhecemos.

Eis como:

Em primeiro lugar, paradigmas de recompensa e reforço tendem a ser extremamente limitados. Assim como um rato prefere uma vareta que lhe proporciona logo um comprimido à outra que lhe dá cinco comprimidos uma hora mais tarde, os seres humanos tendem a escolher recompensas satisfatórias mais imediatas do que as mais difíceis de obter, embora mais permanentes. Entre optar pelo hambúrguer extra (mesmo se precisamos perder alguns quilos) e comprar aquele carro esporte (embora estejamos atrasados na poupança para a aposentadoria), as leis do comportamento volta e meia nos levam a fazer o tipo de escolha imediata que contraria o que é melhor para o nosso bem-estar a longo prazo.

E há também a questão de que as coisas só pioram à medida que envelhecemos. Com o passar do tempo, acumulamos comportamentos que nos fazem sentir bem (e, também importante, que nos ajudam a não nos sentir mal). Em conseqüência, por volta da meia-idade teremos acumulado uma lista muito longa de tais comportamentos.

Então que há de mau em nos sentirmos bem? Nada, sentir-se bem em geral é bom, e não se sentir mal em geral é bom também.

Mas sentir-se bem é apenas parte da equação da vida.

Viver bem à medida que envelhecemos envolve tolerar o desconforto e o risco para continuar crescendo[2]. Infelizmente, a tendência a buscar recompensas de curto prazo, combinada com a inclinação a evitar o desconforto promotor do crescimento, nos conduz à previsibilidade, à complacência e à repetição – qualidades que dificilmente conduzem a esse crescimento. O bem-estar na maturidade exige, portanto, que façamos um compromisso deliberado para trocar alguns dos nossos preciosos prazeres de curto prazo por satisfações mais profundas e menos imediatas.

Abandonar hábitos e vícios. Esta é a sexta resolução. Com toda franqueza, não é fácil nos estendermos para além de nossas zonas de conforto conhecidas (como observou Bette Davis: "Envelhecer não é para efeminados"). Os relacionamentos de longo prazo, contudo, podem nos ajudar a fazer as escolhas mais difíceis, as quais, por sua vez, tornam o envelhecimento uma época de expansão, e não de diminuição, das possibilidades.

CHET E LINDA BRANSON

Em nosso primeiro encontro, Chet e Linda Branson pareciam um casal absolutamente comum. Ele, homem esguio, bem vestido, cujos cabelos louros começavam a ficar grisalhos. Ela, mulher de pequena estatura que chegou ao consultório de tênis, calças jeans e um suéter folgado. Prendera os cabelos compridos e castanhos, também com toques grisalhos, num coque.

Parecia ter um pouco mais de vivacidade que o marido, pelo menos de algum modo. Enquanto ele se expressava com respeitosa educação, ela fazia piadas sobre o consultório, observando que o divã analítico fazia-a imaginar se não tinha entrado numa tira da revista *New Yorker*.

— Não é como se tudo estivesse terrivelmente errado — ela começou. — Não brigamos, concordamos quase sempre na criação da nossa filha, gostamos um do outro. Mas não conversamos e não nos divertimos muito juntos. De fato, hoje em dia a vida em geral não parece ser divertida. Nem estou muito certa de que a terapia de casal é o que precisamos, mas, se você conseguir melhorar o nosso relacionamento pelo menos, será um passo adiante.

Chet e Linda haviam se conhecido havia oito anos, quando ambos estavam no início dos quarenta. Casaram-se após namorar durante um ano. Dois anos depois, após um ano tentando e não conseguindo conceber um filho biológico, adotaram uma menina de um ano do Leste Europeu. Quando me procuraram, a filha, Natasha, acabara de fazer três anos.

Teriam eles sido felizes no começo do relacionamento?, eu quis saber.

— "Feliz" não é uma palavra que eu use com freqüência para descrever a mim mesmo — respondeu Chet. — E acho que Linda também não.

Eu acabara de conhecer Chet e Linda, mas percebia o que ele queria dizer. Algumas pessoas esperam mais da vida do que ela pode em geral oferecer, e essas pessoas têm de lutar com a disparidade entre suas expectativas e realidades. Outras esperam menos do que é possível e vivem vidas relativamente insignificantes e insatisfatórias por não terem pedido mais. Chet, que levava uma vida modesta, porém segura, trabalhando numa agência de publicidade, e Linda, que tinha o mesmo padrão como contadora, pareciam enquadrar-se na última categoria.

Nenhum deles fizera terapia antes, mas os dois pareceram interessados em usar as primeiras sessões para falar das respectivas famílias. Descobri que o pai de Chet abandonara a família quando ele tinha oito anos. Pai e filho só tornaram a se falar quando Chet estava com vinte e oito, e o velho, sem teto e com grave alcoolismo, procurou-o para pedir dinheiro. O pai de Chet pode ter ficado ausente fisicamente, mas seu espectro dominou a família.

– Não se passava um dia sem que minha mãe o trouxesse à tona – ele contou. – "Seja responsável. Não faça como seu pai." Era só o que eu ouvia. A idéia de que a vida podia ser divertida apenas não fazia parte desse quadro.

Ouvindo, eu comecei a compreender como Chet aprendera a viver uma vida tão limitada. Sentia pavor de não cumprir as responsabilidades, como o pai, e então assumia o mínimo que podia – no trabalho, com Linda, e até mesmo com Natasha, cuja educação deixava a cargo da esposa. Parecia que seu principal princípio orientador era: "Não vou arriscar para não correr o risco de errar".

Se Chet temia a responsabilidade, Linda por sua vez temia estar em um relacionamento.

– Imaginei que ia esperar até os quarenta e cinco e então adotar uma criança – ela admitiu. – Se aparecesse alguém por quem eu me interessasse, tudo bem, mas eu não estava procurando um casamento.

Falou dos medos com franqueza. O pai fora um homem dominador que esbravejava sempre que não se cumpria sua vontade. A mãe, sobrecarregada pela tirania do marido e as obrigações com os quatro filhos, e Linda, a mais velha, haviam mantido a família unida. Seu trabalho mais pesado foi sobreviver à autoritária exigência do pai de que todos girassem à sua volta.

– Quando fico íntima de um homem, é como se eu fosse um feixe de fios desencapados e ele um imã – disse. – Quando Chet não está por perto, sinto-me bem e, quando não compartilho nada com ele, também, mas, se começo a precisar ou a depender dele, é como se tudo o que sou fosse puxado para ele e eu perdesse meu centro.

Tanto Chet quanto Linda haviam escolhido parceiros que consideravam seguros (a segurança, você verá, revelou que ambos preferiram o "comprimido"). Chet entrou no relacionamento temeroso de assumir qualquer responsabilidade e escolheu uma esposa que na certa não lhe pediria muita coisa. Linda, que temia anular-se diante das exigências de um homem, escolheu um marido do qual era provável que não dependesse.

Infelizmente, como em geral ocorre nos casos em que escolhemos nossos parceiros por medo e não por desejo, nem Chet nem Linda vinham obtendo um do outro o que de fato necessitavam, e os dois se sentiam solitários, decepcionados e cada vez mais infelizes.

Uma enorme distância

Após várias semanas de relatos sobre suas histórias individuais, os dois começaram a desviar o foco para o relacionamento. Não causou surpresa que as primeiras tentativas de mudar as coisas tenham partido de Linda. O tema foi a relação de Chet com a pornografia. Linda começou observando que, embora tivesse restrições quanto à pornografia, também achava que as pessoas tinham o direito de fazer o que queriam na privacidade de seus próprios lares. Além disso, o que Chet via era "convencional", e ele não era muito sigiloso; quando se fechava no porão da casa para "navegar na Net", havia um entendimento tácito entre os dois de que aquela navegação envolvia sites para adultos. Era um dos muitos "quase segredos" – do marido, explicou.

– Por que suscitar este assunto agora? – fiquei intrigado.

– Porque Natasha está crescendo. Mas talvez a melhor pergunta seja por que não o suscitei antes. E a resposta, compreendo agora, é que eu não tinha certeza de querer de fato mudar as coisas. Para ser honesta comigo mesma, tenho de perguntar se desejava mesmo que ele quisesse sexo comigo em vez de um computador. E se ele mudar, será que eu quero mudar? Tenho as minhas fraquezas também.

— Como a sua bebida? — Chet ficou na defensiva e sem graça, a voz desprendendo uma aspereza maior que a da esposa.

— O fato de Linda beber incomoda você? — perguntei.

— Na verdade, não — respondeu Chet, suavizando a voz. — Tenho minha pornô à noite, e ela, a birita.

O casal me falou do hábito de Linda. Não era uma alcoólatra no sentido clássico; nunca faltara ao trabalho, nunca dirigira embriagada, nunca tivera problemas de saúde por causa do álcool e raras vezes exibia óbvia embriaguez. Mas as duas ou três taças noturnas de vinho sem dúvida eram uma droga.

— Organizo minha vida em torno disso — confirmou. — Bebo aquelas taças de vinho à noite e depois não tenho de pensar em nada que deveria pensar. — Então é isso que estamos fazendo? — continuou, após uma breve pausa. — Ele se esconde atrás da pornografia, eu, atrás do vinho?

Era, sim, o que faziam. Chet fugia à responsabilidade de marido e pai, refugiando-se na pornografia. Linda aliviava as preocupações que de outra forma teria de compartilhar com Chet, buscando refúgio no vinho. Juntos, esses hábitos e vícios proporcionavam o tipo de recompensas imediatas e limitadoras da vida que tendem invariavelmente a proporcionar os hábitos e vícios: nesse caso, o alívio de nunca ter de enfrentar os dolorosos e complexos sentimentos que cada um precisava enfrentar se os dois desejassem mudar e crescer.

QUANDO TROCAMOS A SEGURANÇA PELO RISCO

Todos precisamos de segurança. Somos todos, em maior ou menor grau, motivados pela necessidade de segurança e proteção quando escolhemos nossos parceiros, e essa necessidade desempenha um papel semelhantemente fundamental na modelagem dos posteriores padrões de interação nos relacionamentos. O fato de sermos formados assim não é necessariamente mau. A segurança é uma necessidade primária, assim como o conforto e a confiança; a segurança também fornece uma base para tudo o que é positivo nos relacionamentos. Algum grau de segurança, por exemplo, é condição necessária se quisermos nos arriscar, expandindo nossas vidas além das conhecidas áreas de conforto, e desse modo permanecer vitais para mudar e crescer.

Às vezes, porém, a segurança se transforma numa preocupação tão dominante, que o esforço para conquistá-la exclui a possibilidade de assumir riscos criativos. Nessas circunstâncias, o relacionamento e a vida estreitam-se e enfraquecem.

As leis do behaviorismo desempenham um papel essencial nessa espiral para a estagnação. Mais uma vez, tendemos a buscar recompensas de curto prazo, em vez de satisfações mais duradouras e complexas. Com o passar do tempo, desenvolvemos listas cada vez maiores de comportamentos que desencadeiam essas recompensas e que sempre nos afastarão da dor e do desconforto. Tornamo-nos cada vez mais dependentes de nossos hábitos e vícios e recuamos mais e mais para a segurança de nossas conhecidas áreas de conforto.

A chave para um bom envelhecimento pode reduzir-se a poucas palavras simples – crescer e continuar mudando –, esta é uma péssima notícia para nós, da geração de meia-idade do pós-guerra.

Por sorte, onde há notícia ruim também há boa. Se escolhemos (e insisto em que "escolher" é de fato a palavra certa) fazer um compromisso partilhado de sermos autênticos e vulneráveis um com o outro na mente, no eu e no corpo, e se concordamos em não nos refugiar em nossas conhecidas áreas de segurança, poderemos, juntos, reverter a tendência natural a retrair quando envelhecemos.

Abandonar antigos hábitos e vícios,
renegociar antigos acordos

Durante um ano inteiro conversei com Chet sobre o receio que sentia da responsabilidade. Fazia-o lembrar sempre que, embora a fuga de ser pai e marido atenuasse a curto prazo esse medo, a longo faria com que se tornasse mais – e não menos – igual ao seu pai. Incentivei-o a entrar mais em contato com Linda e Natasha e arriscar-se a não ser "bom o suficiente" para elas. Desafiei Linda a agir da mesma forma. Claro, Chet tinha defeitos, mas ser tirano e exigente como o pai não se incluía entre eles. Estimulei-a a arriscar-se, recorrendo ao marido quando precisasse; ele talvez não cumprisse o dever, mas ela não teria de ceder-lhe a autonomia e a individualidade.

Mais importante, sugeri aos dois que o primeiro passo para mudar tudo seria abandonar os vícios noturnos da pornografia e do vinho.

Com o tempo, Linda tomou consciência de que não pedira a Chet que a ajudasse com Natasha, nem que ficasse ao seu lado ou conversasse com ela quando se sentia infeliz. Também se tornou atenta à causa dessa relutância: o medo, que remontava ao relacionamento com o pai, de que devia "pagar" pelo que recebia.

– Sempre que meu pai fazia alguma coisa para mim, ou me comprava uma coisa, mesmo as mais básicas como livros escolares, ele esperava alguma coisa em troca – disse. – E o que esperava acima de tudo era que eu fosse exatamente como julgava que eu devia ser.

Chet, por sua vez, reconheceu em que medida o medo de falhar nas responsabilidades fazia com que se afastasse de Linda e Natasha.

– Eu ficava no computador, no porão, metade do tempo fazendo alguns desenhos para o trabalho, metade olhando no computador aqueles sites que vocês conhecem muito bem, e ouvia Linda colocar Natasha na cama. Sei que devia tirar o traseiro da cadeira e ajudar, mas era como se não pudesse mover o corpo. Sei que é loucura, mas ainda sinto que, se não me envolver, não terei como decepcioná-las.

Eles passaram a ter cada vez mais clareza do que vinham fazendo e por que o faziam. Parecia que a terapia estava funcionando. A não ser por um problema: não mudavam.

– A essa altura, quase entendemos o problema – ela observou.

– Funciona melhor para ele que eu seja uma megera distante e indisponível em matéria de sexo, que faz tudo sozinha, porque a responsabilidade o apavora. E, para mim, que ele seja um pervertido inútil, que se masturba no porão, porque a idéia de depender dele me angustia. – Calou-se por um momento e atenuou as palavras ásperas com um sorriso triste. – Entendemos, sim. Éramos assim quando nos casamos e, com o tempo, apenas tornamos um ao outro ainda mais assim. Então, como podemos mudar?

A ajuda de uma criança

Às vezes, quando nos vemos sem saída, a ajuda vem de uma fonte inesperada. Para Chet e Linda, essa ajuda veio da filha Natasha.

– Queremos lhe mostrar uma coisa – disse Linda um dia, um ano e meio após o início da terapia.

Abriu então a mochila velha e desfiada que trazia (lembrança do tempo em que passou viajando, depois de terminar os estudos; a única vez na vida, disse, em que se sentiu livre de verdade) e retirou um envelope de papel pardo.

– Natasha começou a freqüentar a escola na semana passada. Este é seu primeiro dever de casa. – Linda abriu o envelope e me estendeu um desenho de criança. – A professora pediu que desenhasse a família.

Olhei o desenho. Eram três pequenas figuras humanas, feitas com todo o esmero artístico de uma criança de cinco anos. Mostrava uma menina de cabelos castanhos compridos num canto da página, tendo no outro, mais distante possível dela, outra figura solitária, sentada diante de uma caixa. Os cabelos curtos e louros a identificavam como homem. Em outro canto, de novo o mais distante possível das outras duas, via-se uma terceira figura, de mulher a julgar pelos cabelos castanhos e compridos, tinha um copo na mão.

– É isso que Natasha vê todas as noites – disse Chet, depois de me dar alguns instantes para examinar o desenho. – Papai no computador, mamãe com o vinho, todo mundo sozinho. – É estranho como a gente pode saber das coisas e ao mesmo tempo não saber – continuou. – Entender que está vivendo a vida de maneira errada, cometendo os mesmos erros que o pai cometeu, e ainda assim trancar tudo em algum armário, para que jamais nos atinja. Mas, quando vi este desenho, ele me fez sofrer. Fez sofrer muito.

Eu lhe disse que achava que todos tínhamos a capacidade de saber e de não saber das coisas, sobretudo quando saber na verdade significava a necessidade de fazer as mudanças que tememos fazer.

Agora foi a vez de Linda.

– Então é hora de fazer tudo diferente. E já começamos. Mais por causa de Chet que por minha causa. Quando vi o desenho, chorei. Chet não falou nada, mas, em vez de descer para o porão como em geral faz, me ajudou a colocar Natasha na cama. Mais tarde nos sentamos e conversamos. Ele disse que vamos mudar tudo, a começar com o que há um ano e meio você vem nos dizendo para fazer; Chet vai parar com as sessões noturnas de computador, e eu vou largar o vinho. Posso beber quando sairmos para jantar, mas acabar com o hábito noturno.

Os dois se ajudaram mutuamente a manter esse compromisso. Às vezes, quando escorregavam, policiavam-se, em outras se apoiavam, sempre falando com firmeza, mas com amabilidade, um com o outro. Surpreende o fato de a parte mais difícil não ter sido a abstinência dos vícios – Chet viu que podia viver sem a pornografia, e Linda sentiu menos falta do vinho que imaginava. O mais difícil foi que, ao abandonarem os vícios, o relacionamento pareceu, pelo menos na superfície, tornar-se mais complicado.

– Tenho a sensação de que ela se irrita comigo o tempo todo – observou Chet, alguns meses depois de haver fechado o acordo. – Como se explica isso, eu estar me saindo melhor e ela ficar mais zangada?

– De fato, causa uma sensação muito esquisita mesmo – concordou Linda. – Antes eu nunca esperava nada e, quando começava a ficar irritada por ter de fazer tudo sozinha, tomava mais um copo. Agora ele colabora muito mais, mas ainda preciso mais do que venho recebendo. E, além disso, também quero mais.

Chet ficou em silêncio por um momento, e, quando tornou a falar, o tom da voz foi baixo e atencioso:

– A parte difícil não é ela ficar irritada – disse –, é o que vem acontecendo dentro de mim. Quando ela se enfurece, sinto que não sou bom o suficiente. Sei que em parte é normal que homens e mulheres passem de fato por coisas assim quando têm um filho pequeno, mas isso não me ajuda a combater a sensação de que não sirvo para nada.

– Como seu pai – observei.

– É, como meu pai.

Maridos e mulheres se unem por meio de contratos baseados em implícitos desejos, temores e suposições. Com freqüência, o mais poderoso desses contratos é aquele que garante segurança mútua por meio de acordos tácitos para manter afastadas as partes mútuas mais vulneráveis e dolorosas. Se desejamos que os relacionamentos sobrevivam e até mesmo prosperem, e se os parceiros individuais desejam encontrar o caminho para os tipos de interações que permitem novas experiências e aprendizados, esses acordos matrimoniais iniciais precisam ser reescritos.

Chet e Linda fizeram exatamente isso.

Incentivados pelo desenho da filha e disciplinados pela compreensão cada vez maior dos custos emocionais de seus arranjos, ele forçou-se a tornar-se um pai e marido mais presente, e ela continuou a arriscar-se a depender mais de Chet, tanto para si mesma quanto para a ajuda no cuidado da filha. Essas mudanças de orientação repercutiram no relacionamento, causando novas mudanças. À medida que Chet se tornou mais disponível, Linda teve de ver-se às voltas com o medo de depender dele e, ao fazê-lo, conseguiu pedir-lhe ainda mais ajuda. À medida que lhe solicitava mais ajuda, ele, por sua vez, teve de lidar com seu medo de não conseguir cumprir as responsabilidades.

Ao abandonarem os hábitos e vícios e substituírem os comportamentos antigos por outros mais construtivos, Chet e Linda transformaram o ciclo auto-replicável da incessante busca de um refúgio num outro ciclo auto-replicável da incessante busca de mudança.

Seis meses depois de Natasha ter desenhado o retrato da família – ou seja, cerca de dois anos após o início do nosso trabalho –, eles falaram sobre as mudanças ocorridas.

– De certo modo, não sinto tanta diferença assim – começou Linda –, mas quando recuo um passo vejo o quanto tudo mudou em comparação a três anos atrás. Veja o que aconteceu na última terça-feira. Tive de ficar até tarde no trabalho. Antes eu teria ido até em casa e voltado para o trabalho depois, teria encontrado um meio de não precisar de Chet, mesmo que para isso jantasse um sanduíche. Mas, em vez disso, telefonei para o trabalho dele e perguntei se podia chegar em casa mais cedo. Percebi que ele ficou um pouco irritado, mas disse que sim.

– Desculpe por aquilo – pediu Chet. – Tenho me aplicado com mais seriedade ao trabalho nos últimos tempos e estava muito cansado. Mas foi muito bom mesmo. Como dissemos várias vezes aqui, o que está acontecendo às vezes é difícil, mas é bom.

Ambos sabíamos o que Chet queria dizer. Vinha falando pouco antes de como andava ansioso, que duvidava de si mesmo com freqüência, não se sentia mais naquele confortável entorpecimento. E, no entanto, contou que em alguns momentos também sentia uma enorme recompensa por ter escolhido um caminho diferente do trilhado pelo pai.

– De fato, sua reação foi ótima. Era mais ou menos esta a minha opinião mesmo. Eu via que você não estava feliz no início e tive a sensação momentânea de "vou lhe ficar devendo", "esqueça"... toda essa droga antiga. Mas dizia a mim mesma que Chet iria me apoiar e tudo dará certo, e acabei por me convencer de ir até o fim.

Linda prosseguiu:

– E o desfecho não podia ser melhor. Não apenas passei a ter mais ajuda, mas também senti que podia confiar nele. E isso realmente foi muito bom.

Escolhendo nosso melhor eu

Nós, da geração do pós-guerra, fomos expostos a várias teorias sobre como mudamos. Primeiro surgiu a psicanálise, quase a única aposta quando éramos jovens. A psicanálise e as várias formas de terapia, que evoluíram a partir dela, nos ensinaram que a mudança ocorre quando nos envolvemos num longo relacionamento com um terapeuta que nos ajudará a compreender as raízes históricas dos nossos padrões de inadaptação[3].

Depois a auto-ajuda tornou-se uma destacada influência nas idéias em relação à mudança. Infelizmente, a auto-ajuda, que surgiu como uma alternativa conscienciosa à psicanálise, evoluiu para um método em grande medida superficial, como a velha piada sobre comida chinesa, que nos deixa com fome uma hora depois.

Mais recentemente, os medicamentos psiquiátricos tornaram-se o supra-sumo da mudança pessoal. Não há a menor dúvida de que as drogas oferecem certo grau de alívio àqueles que sofrem de problemas psiquiátricos graves, mas a promessa das pílulas como panacéia para os sofrimentos humanos rotineiros revelou-se falsa.

E, ainda mais atualmente, as influências místicas e espirituais assumiram a posição principal. Muitas delas usam antigos conceitos orientais de plena concentração e meditação. Outras tentam incutir-nos a mais recente idéia de que os desejos e intenções podem transformar-se de forma mágica em resultados.

Temos bons motivos para ficar confusos em relação a como mudar e crescer: há milhares de vendedores de crescimento pessoal, cada um apregoando que seu produto é o melhor. Ainda pior, todos os métodos acima mencionados podem, na pior das hipóteses, provocar as mesmas atitudes que uma boa ajuda nos auxiliaria a superar: seduzem-nos, fazendo-nos imaginar que o crescimento é possível sem a necessidade de escolhas dolorosas, e perpetuam a ilusão de que nosso eu é aperfeiçoável. (Todos seríamos candidatos ao trono[4] se tivéssemos encontrado suficiente bondade e compreensão, se nos houvessem dado o conselho sensato, ou receitado a droga certa.)

É claro que existem inúmeros caminhos para a mudança, muitos dos quais bastante úteis. Nenhum caminho individual é o melhor para todos, e, além disso, o que pode ser bom num dado momento da vida pode não ser o melhor em outro momento. Alguns princípios simples, contudo, governam todos os métodos úteis para a mudança e o aperfeiçoamento pessoal:

- Todas as soluções importantes são profundamente penosas e conquistadas a muito custo (não há respostas tamanho único).

- O crescimento pessoal exige compromisso permanente.

- Toda mudança significativa exige enfrentar as partes de si mesmo que resistirão às mudanças que se pretende fazer.

- Toda mudança tem um preço (você tem de desistir de algo para obter uma coisa nova).

- As mudanças que fazemos no eu tendem a ser pequenas: somos, em geral, quem somos.

- Ao mesmo tempo, até as mínimas mudanças no eu podem levar a uma diferença radical em nossas vidas.

Depois acrescente a essa lista mais um ponto crucial: a mudança envolve escolher, por meio do livre-arbítrio, os caminhos que desejamos trilhar.

É surpreendente a ausência desse princípio, de aparência óbvia, em muitos dos mais consagrados modelos de mudança, uma constatação que explica por que a terapia e a auto-ajuda tantas vezes criam estados de excessivas dependência e satisfação dos desejos; se a mudança ocorre menos por nossa própria vontade e recursos que pelas receitas de um ajudante dotado de poderes mágicos, a conseqüência natural será mais renunciar, que assumir, à responsabilidade por nossa própria vida.

A escolha, não a possibilidade ilimitada de escolher o que se quer, mas a escolha que envolva tanto as possibilidades realistas quanto as inevitáveis, e às vezes dolorosos custos e conseqüências, é o poderoso antídoto para a satisfação excessiva dos desejos e direitos individuais. Esse tipo de escolha – que nos exige o conhecimento de nossos padrões, verifica os custos e então toma ativamente um caminho que nos ajudará a fazer as mudanças necessárias – é um aspecto menosprezado da mudança e do crescimento.

A VANTAGEM DO CASAMENTO:
ESCOLHERMOS JUNTOS A MUDANÇA

Parece simples, não? Conhecer os padrões, verificar os custos e então realizar as mudanças necessárias. Se a mudança é assim imediata, por que todos não a empreendem, e por que não a empreendem sem toda essa ajuda dispendiosa?

Eis por que não.

Chet e Linda não apresentaram os padrões de inadaptação porque eram ignorantes ou teimosos; a forma de relacionamento que lhes limitava o crescimento pelas ações dos dois foi na verdade a melhor solução que puderam encontrar para os dilemas que enfrentaram no início da vida. O fato de terem conseguido casar-se e ter uma filha já era uma realização. Para se tornarem mais próximos, seguros e confiantes, tiveram de abandonar as soluções preferidas e superar os maiores temores. Isso, na época em que me procuraram, era mais do que podiam dar conta.

Todos temos de lidar com o mesmo dilema básico: as mudanças importantes são difíceis porque os padrões e comportamentos que mais precisamos mudar também são, invariavelmente, os meios de que mais dependemos para não enfrentar os maiores temores, os sentimentos mais dolorosos e as mágoas mais sensíveis. Mudar e crescer, em conseqüência, exige que abandonemos as soluções em que mais confiamos (o que às vezes significa abandonar hábitos e vícios) e tolerar os próprios medos, sentimentos e sofrimentos que mais desejamos evitar.

Muito bem. Mas o que tudo isso tem a ver com os relacionamentos íntimos de longo prazo?

Há uma história, talvez apócrifa, sobre um angustiante dilema enfrentado pelos astronautas da Apollo 13[5]: se entrassem na atmosfera num ângulo muito pronunciado, encontrariam mais atrito que a cápsula resistiria e se incendiariam. Se entrassem num ângulo muito raso, saltariam da atmosfera como uma pedra chata atirada em águas paradas e, não tendo combustível suficiente para tentar outra reentrada, ficariam para sempre perdidos no espaço. Por unanimidade, preferiram a primeira morte à segunda – alguma coisa na solidão no espaço eterno é intolerável. Desconfio que seja por isso que a maioria dos suicidas na ponte de Golden Gate prefere jogar-se olhando para a cidade e não para o oceano: nós, seres humanos, desejamos desesperadamente sentir-nos ligados.

Sentimos essa necessidade de contato e ligação ainda mais forte quando temos de empreender tarefas árduas. Assim, se queremos assumir o risco de livrar-nos dos padrões que limitam, mas protegem o nosso eu, e o risco de enfrentar os aspectos mais difíceis de nossa experiência, precisaremos da ajuda de nossos companheiros.

Quem poderia nos dar melhor ajuda que o parceiro para toda a vida?

Aqui encontramos um importante obstáculo. Está tudo muito bem dizer que podemos contar com o amor e a confiança dos parceiros íntimos quando empreendemos a difícil tarefa de mudar, mas, como todos sabem, os relacionamentos com freqüência são difíceis. Além disso, como demonstra a história de Chet e Linda, muitas vezes aliciamos os parceiros para um mútuo acordo de NÃO mudar.

Bem, aqui, mais uma vez, a notícia ruim também pode ser a boa notícia. Os relacionamentos íntimos se constroem, entre outras coisas, com base em sofrimentos partilhados ou complementares. Com o passar do tempo, enredamo-nos num tecido de padrões e hábitos destinados a esconder esses sofrimentos. Qualquer mudança que fizermos, em conseqüência, repercutirá no relacionamento, levando à revisão de antigos contratos, à mudança de velhos hábitos e à desestabilização dos antigos padrões, e forçando desse modo o surgimento de vulnerabilidades há muito engavetadas.

Em outras palavras, é exatamente porque ficamos enredados que estamos mais bem equipados para nos desenredar.

Então, quais são as medidas pragmáticas que podemos adotar para abandonar os hábitos e vícios e abrirmo-nos à mudança e ao crescimento?

- Todos temos medo de alguma coisa. Distorcemos a vida, e a nós mesmos, no esforço para evitar esses medos. **Conheça seus medos,** e insista em aproximar-se e não se afastar deles.

- **Identifique os comportamentos que você usa para evitar esses medos.** Esses comportamentos variam de hábitos sutis a vícios visíveis. Seja o mais honesto possível em relação aos meios que usa para estreitar e limitar a vida, com a finalidade de evitar mudar o que precisa ser mudado.

- **Façam um levantamento juntos.** Concordem em falar sobre os padrões que limitam e protegem o respectivo eu. Ao fazê-lo, enfatizem os próprios padrões e não os do parceiro.

- **Assuma que vai descartar a dependência de drogas, álcool e outras formas de vício.** O álcool, por exemplo, é uma solução onerosa muito antes da presença de critérios formais de alcoolismo. Uma taça de vinho habitual à noite pode ser um meio de evitar as coisas com as quais você mais precisa lidar.

- **Valorize o esforço às vezes exigido para fazer essas mudanças e expresse apreciação pelos esforços do parceiro.**

- **Façam acordos.** "Dou X se você me der Y" é um método que pode ajudar muito.

- **Tornem-se os hábitos um do outro.** Apoiar e incentivar um ao outro, e estar presente quando um dos dois precisar, pode nos ajudar a enfrentar o risco que é abandonar nossas antigas muletas.

- **Seja perseverante.** As mudanças importantes levam tempo. Não basta "Deixei de beber na Quaresma e não fez a mínima diferença".Você tem de abandonar o vício e viver sem ele por um período prolongado se deseja mudar.

E se o seu parceiro não se juntar a você?

- Se o parceiro não quiser abandonar os hábitos e vícios, **que continue sozinho.** Largue os seus e mantenha-se neste caminho. Mais uma vez, dê o exemplo.

- **Não julgue.** Enfatize o positivo e não o negativo. "Que tal fazermos alguma coisa em vez de ver televisão? Talvez conversar ou ir ao cinema" é melhor do que "Por que você fica aí diante da televisão como uma lesma todas as noites?".

- **Disponha-se a colocar o relacionamento "na mesa".** Se o parceiro não mudar, por que, a certa altura, não perguntar a si mesmo se o relacionamento é saudável para você? Fazer essa pergunta não significa necessariamente que não esteja comprometido. Esse às vezes é um poderoso recurso para desfazer antigos padrões.

O casamento não é terapia nem deve ser. Os parceiros casados talvez tendam a atolar-se mais em padrões estagnados que aqueles em terapia (embora a estagnação mútua de modo algum seja estranha à terapia). Mas os casamentos também tendem, menos que a terapia, ao tipo de desigualdade no cuidado e atenção que leva à excessiva dependência e a mesmice. E, como os casamentos envolvem contatos reais e íntimos com uma pessoa diferente e separada de nós, podem, na situação mais propícia, nos oferecer um caminho mais direto e poderoso para desfazer padrões e hábitos que estreitam a vida.

Um refúgio nas manhãs de sábado

Sábado de manhã. Parecia que as coisas seriam diferentes agora que Brad voltara para a faculdade e Jenny entrara de licença. O incessante entra-e-sai dos filhos que parecia ocupar os fins de semana acabara, e Kendra imaginou que ficariam mais tempo juntos. Mas de algum modo não funcionara assim naquele dia. Evan estava onde ficava nas manhãs de sábado, no andar de cima, naquele quartinho sem janelas que ele chamava de "escritório", talvez organizando as contas a pagar, talvez telefonando – ela nunca sabia bem o que ele fazia lá.

Ele estava de fato ocupado com as contas, mas não era bem o que se podia chamar de modelo de eficiência. O problema de checar as finanças no computador era que com a Internet bastava clicar. Aquelas listas intermináveis de piadas, as últimas notícias, esporte e até mesmo – Deus o ajude! – a meteorologia. Pagar as contas tendia a consumir horas pressionando os números com o botão do mouse.

Kendra sabia que, se subisse ao andar de cima, batesse na porta, caçoasse bem-humorada de Evan chamando-o de "toupeira" e o convidasse para um passeio, ele concordaria. Mas ficava remoendo aquela velha sensação: "Por que sou eu quem tem de fazer todo o trabalho no relacionamento?", e assim, enquanto ele se ocupava com as contas – ou assim dizia –, ela se dedicava ao ritual das manhãs de sábado: rever as fichas dos pacientes. Na verdade, não era necessário – fazia isso sobretudo para assegurar-se da própria inteireza –, mas sentir-se competente como médica com certeza compensava a espera de Evan.

Ele desviou os olhos do computador esperando que o novo arquivo terminasse de baixar. Desviou-os para a foto da família em cima da mesa. Férias de verão, cerca de quinze anos atrás, lembrou. Brad devia ter seis anos, o que fazia Jenny ter três. Meu Deus, como ele e Kendra pareciam diferentes naquela época. "Belos tempos", pensou, mas sabia que era apenas uma verdade parcial. O pai da foto sorria, mas tinha o olhar distante. Durante toda a vida... até mesmo, e em alguns aspectos principalmente, nos momentos mais felizes... tinha um pouco a cabeça em outro lugar. Ocorreu-lhe que era mais feliz nas lembranças do que de fato nos momentos suscitados por essas lembranças.

Os pensamentos desviaram-se para mais cedo, nessa mesma manhã, quando Kendra se dirigira para o chuveiro sem antes abraçá-lo na cama. Pensara em pedir-lhe que esperasse, se deitasse junto dele, talvez fizessem amor, talvez não, mas pelo menos teriam visto o que podia acontecer. Mas ficara irritado por ela não ter pensado nisso, portanto, nada dissera. Além disso, a idéia de isolar-se no escritório era agradável. Agora, porém, ali olhando a foto, concentrado no rosto da esposa, desejou falar com ela.

Enquanto isso, a irritação de Kendra se acalmara. Não fora necessário muito esforço, como antes: anos atrás, a irritação consumia-a por vários dias, mas agora – não sabia se era porque estava mais velha e sábia, ou por estar mais velha e apenas mais cansada de brigar – achava mais fácil soltar-se. E assim subiu a escada para chamar o marido de "toupeira".

Os dois se encontraram no patamar da escada. Entre as fotos penduradas na parede. Durante um inverno ela arrumara todas as fotos de verão em ordem ascendente e perfeita, de modo que a subida na escada fosse como um passeio pelos verões da vida deles. As fotografias terminavam quando Brad tinha dezesseis anos, no ano em que Evan deixara de levar a câmera.

– Que tal dar uma volta? – brotou a pergunta dos dois em uníssono, e eles riram.

– Você tem tempo? – mais uma vez em uníssono, o que os fez rir de novo. Ambos conheciam muito bem essa dança de desejo e constrangimento.

– Claro – ele respondeu. – As contas vão continuar aqui quando voltarmos.

CAPÍTULO 7

PERDOAR E AGRADECER

Muito foi escrito ultimamente sobre a importância de perdoar. Pesquisa sobre medicina comportamental[1] sugere que a "hostilidade controlada em excesso" é um importante prognóstico de doença cardíaca (junto com o fator de fumar e a obesidade), enquanto se associa menor hostilidade a indicadores médicos positivos, como pressão sangüínea baixa e um sistema imunológico mais forte. O recente ressurgimento de religião e espiritualidade trouxe consigo maior reconhecimento de valores tradicionais como aceitação e perdão. E um movimento oposto à nossa cultura de vitimização[2] afastou o pêndulo do rancor e da vingança. Como observa Ned Hallowell no livro *Dare to forgive* (*Tenha a coragem de perdoar*), livrar-se da raiva e ressentimento mediante atos de perdão é abrir mão do "seu direito a um lago poluído".

Para alguns, porém, toda essa conversa de perdão talvez soe um pouco ingênua. Doris, uma mulher com quem trabalhei durante muitos anos, foi violentada repetidas vezes pelo pai quando era menina. "Por maior o trabalho que faço em mim mesma, jamais farei amor com meu marido sem ver a imagem de meu pai" – dizia. "Jamais olharei para minha filha sem lembrar o que ele fez comigo. Perdoar? Entendo que ele apenas fazia comigo o que alguém fez a ele, e às vezes quase sinto compaixão. Mas perdoar? Não. Há coisas na vida que jamais devem ser perdoadas[3]".

Perdoar ou não perdoar atos de violência imoral é sem dúvida uma questão complexa.

Vê-se nisso, porém, outra qualidade de clemência muito mais direta: quando se trata das inevitáveis decepções da vida cotidiana, separar-se de acusações e rancor irá incontestavelmente tornar a pessoa melhor. Livrar-se da amargura, dos rancores mesquinhos e dos atormentadores ressentimentos que povoam a vida, e dispor-se a perdoar e agradecer por nossas bênçãos, ajuda-nos a mudar e crescer.

171

Perdoar e agradecer. Esta é a sétima resolução. Quando substituímos o rancor pela gratidão, avançamos para o tipo de aceitação radical que nos permite encontrar sentido e propósito nas adversidades e limitações da vida. E, aqui como em outras partes, as soluções que aprendemos com os parceiros íntimos estendem-se em geral por toda a nossa vida, ajudando-nos a tornar o envelhecimento um período de surpreendente possibilidade.

JAKE E LEAH LAMBERT

Jake e Leah Lambert pareciam a imagem de sucesso do século XXI. Ele fora um astro em cada passo da trajetória, primeiro em Princeton, em seguida na Harvard Business School e depois na empresa de capital de risco em que ingressara após a graduação. Também Leah conhecera poucos insucessos. Formara-se com louvor em Princeton, onde os dois se conheceram na faculdade de direito; e depois num dos mais destacados escritórios jurídicos, onde logo se tornara sócia. O casal, agora na faixa dos quarenta e tantos, tornara-se uma espécie de presença fixa nos escalões superiores da sociedade de Boston: eram amigos dos badaladores e festeiros locais, além de freqüentes e generosos contribuintes para instituições de caridade; as fotos dos dois haviam enfeitado as colunas sociais do jornal local em várias ocasiões.

Jake e Leah tinham dois filhos, Stacy, então com dezessete anos quando o casal veio me ver pela primeira vez, e Alexander, com quinze. Stacy, além de boa menina, era aluna aplicada, disseram, embora ultimamente viesse tendo alguns problemas na escola. Alexander passara por dificuldade maior: teve deficiências de aprendizado que lhe exigiram freqüentar uma escola especial, mas os pais garantiram que estavam lhe dando a ajuda necessária e que agora o filho vinha apresentando uma boa melhora.

Tive a sensação de que o que eles me disseram sobre os filhos mal roçava a superfície, sobretudo em relação a Alexander, mas ouvi em silêncio e não os interrompi; queria concentrar-me no motivo de desejarem minha ajuda. Sem dúvida precisavam: o sucesso não os impedira de sentir uma profunda infelicidade. Brigavam toda noite, com freqüência agredindo-se assim que chegavam em casa, e desfaziam-se dos sorrisos artificiais, das roupas elegantes e da maquilagem usados no compromisso social daquela noite. Desde as desavenças sobre a babá às divergências em relação a Stacy e Alexander e à frustração de Jake com a falta de sexo, as brigas não eram nada agradáveis: palavras como "babaca" e "cadela" vinham sempre à tona nessas discussões.

Durante as primeiras semanas, tentei entender como o relacionamento se tornara tão prejudicial. A presença de tamanha infelicidade, em meio a tanta prosperidade, não era o que eu achava desconcertante – a riqueza não é antídoto para o infortúnio, conjugal ou qualquer outro –, mas fiquei intrigado pelo fato de tal instabilidade poder intensificar-se sem controle entre essas pessoas de aparente moderação e ponderação. Fora do relacionamento, nenhum dos dois parecia muito exasperado ou ressentido; ambos tinham boas amizades, e cada um se mostrava amável e decente. Quando se fechavam as portas para o mundo exterior, porém, dilaceravam-se um ao outro.

Durante a terceira consulta, notei que eles pareciam estar pior na disposição de ânimo um com o outro e perguntei se as coisas haviam sido difíceis assim desde o início.

– Não – ela respondeu de imediato, enfática. – Éramos muito felizes quando mais jovens. Nós nos conhecemos quando tínhamos vinte anos. Só nos casamos oito anos depois, mas não que tivéssemos alguma dúvida, mas apenas porque ainda queríamos fazer um monte de outras coisas. Éramos felizes juntos mesmo quando as crianças nasceram, portanto não foi assim desde o começo. A coisa com Alexander foi difícil, mas acho que conseguimos lidar bem com a situação. De fato, é quase a única coisa que ainda fazemos bem.

– A coisa com Alexander? – perguntei.

– É, nós lhe falamos disso – ela continuou. – Ele tem um bocado de problemas.

– Vocês me disseram que ele tinha algumas deficiências de aprendizado e que freqüentava uma escola especial

– Acho que atenuamos um pouco os fatos – respondeu Leah. – Ele é bastante incapacitado. Só agora cursa a terceira série na escola, e também tem muitos problemas físicos. Mas vem se esforçando e apresentando uma enorme melhora.

– O que há com ele? – perguntei.

– Não lhe contamos sobre o acidente? – respondeu Leah.

– O acidente?

– Alexander quase se afogou quando tinha três anos – disse Jake, entrando agora na conversa. – Passávamos alguns dias em nossa casa de veraneio em New Hampshire, numa festa de Quatro de Julho no lago. Leah não estava olhando... Quer dizer, nós não estávamos olhando; ele deve ter perambulado e caído na água. Nós o retiramos, e os salva-vidas conseguiram fazê-lo voltar a respirar, mas levaram uns vinte minutos. Ele sofreu hipoxia durante esse tempo, o que lhe afetou o cérebro. Tem-se saído melhor agora, mas a recuperação é lenta. E nós dois temos feito um trabalho árduo para ajudá-lo.

Leah, que agora visivelmente fumegava de raiva, pareceu não ouvir o elogio de Jake pelo seu trabalho árduo. Perguntei a ela o que sentia.

– Detesto quando você faz isso, Jake. – Pela primeira vez, o ressentimento sobre o qual me falara o casal detonara no consultório. – Faz isso de propósito? – continuou, inflando as narinas, perfurando o marido com os olhos. – Esse papo furado de "Leah não estava olhando... Quer dizer, nós não estávamos olhando". Não inventa, Jake. Nós não estávamos de olho nele. Nenhum de nós estava. Jogávamos conversa fora com seus inúteis e desalmados amigos banqueiros de investimento. Vá se ferrar, Jake. Vá se ferrar e dizer a si mesmo que a culpa é minha.

– Pare com isso, Leah – respondeu Jake, ferino e desdenhoso. – Eu me expressei mal. Não culpo você pelo que aconteceu com Alexander. Mas sabe do que culpo você? De ter se tornado essa megera nos últimos dez anos.

Com essa discussão, os dois me conduziram às origens das dificuldades pessoais. Haviam sofrido uma terrível perda, e agora cada um mantinha o outro prisioneiro dentro de um corrosivo ciclo de culpa e recriminação.

REUNINDO OS HABITUAIS SUSPEITOS

No livro *Western attitudes towards death* (*Atitudes ocidentais em relação à morte*)[4, 5], o historiador francês Philippe Ariès investiga as mudanças que ocorreram em nosso relacionamento com a morte. Na Idade Média, assinala, "a morte era logo aceita pelos vivos como um destino partilhado coletivamente". Na era moderna, ele continua, a morte foi "banida da vida e reformulada em termos de satisfações terrenas de curto prazo". Mudamos, conclui Ariès, da visão da morte como um acontecimento inevitável, necessário e até significativo,[6] para o sentimento de que é uma intrusão inesperada e indesejável.

A morte é reconhecidamente um exemplo extremo das adversidades que todos enfrentamos (portanto, quanto a isso, é uma doença que altera a vida de uma criança). No entanto, a transformação que testemunhamos em relação à morte é evidente em nosso relacionamento com todo tipo de dor. Vivemos numa cultura que nos promete uma vida sem problemas, com o mínimo de adversidade e o máximo de satisfação. Somos, em conseqüência, rápidos em substituir queixas e culpas por aceitação quando os tempos ficam difíceis. "Não era para ser desse jeito", dizemos, quando as coisas vão mal. "Alguém, em algum lugar, deve ter ferrado tudo."

E em quem botamos a culpa? Bem, todo mundo é um alvo em potencial, mas talvez possamos encontrar a mosca mais próxima e pousada nas costas dos cônjuges. Somos as pessoas mais importantes uma para a outra. Dividimos a responsabilidade por nossa vida conjugal e sentimos às vezes o desejo infantil de ser amados e protegidos um pelo outro. Acha-se quase embutido na essência dos relacionamentos mais íntimos, portanto, o fato de que decepcionaremos uns aos outros. E assim, quando as coisas saem erradas e é nosso impulso "reunir os habituais suspeitos", o nome do marido ou da mulher invariavelmente encabeça a lista.

É provável que ninguém consiga sobreviver à perda de um filho sem passar por uma mudança irrevogável. O mesmo ocorre quando um filho sofre um dano dramático e irreversível. O mundo jamais transmite aquela mesma sensação de segurança e possibilidade, e o eu da pessoa jamais se sente tão inteiro como antes.

Reféns de uma tarde de julho que terminara em tragédia, Jake e Leah enfrentaram uma tarefa monumental. Se quisessem libertar um ao outro do ressentimento e acusação mútuos em que se mantinham, teriam de ajudar um ao outro a suportar o que era quase insuportável. E fazer isso numa cultura que muitas vezes não reconhece o fato de que a dor e a adversidade fazem parte da condição humana.

Avançando além da culpa, mas ainda desejando um passado diferente

Comecei pedindo a Jake e Leah que fizessem uma coisa que eu reconhecia ser muito difícil: pedi-lhes que conversassem sobre o acidente de forma bem compassiva. Organizei seus esforços insistindo numa única e simples regra: assim que começassem a culpar-se, tinham de separar-se por quinze minutos e, durante esse tempo, deviam lembrar a si mesmos que o que aconteceu foi um acidente – palavra, afinal, que os próprios haviam usado quando me falaram pela primeira vez a respeito.

O trabalho foi doloroso, mas os dois não apenas começaram a conversar de fato, mas avançaram mais um passo.

Trouxeram antigas fotos de Alexander ao consultório, recordando o menino que haviam conhecido antes do acidente. Pela primeira vez em doze anos retornaram ao lago onde o filho quase morrera afogado, e ali lembraram os fatos daquela tarde, a festa animada, o acidente, as horas que Alexander passou inconsciente, a alegria quando ele recuperou a consciência e eles se deram conta de que o filho iria viver, e o desespero quando souberam, no decorrer de vários meses, que sofrera lesões que lhe alterariam a vida. E lembravam um ao outro quanto haviam feito para ajudá-lo; todos os médicos, professores e terapeutas de reabilitação – para não falar nas horas de seu tempo – que haviam se dedicado ao cuidado de Alexander ao longo dos últimos doze anos.

Após vários meses de trabalho difícil e doloroso, os dois tinham condições de quase aceitar a idéia de que o que acontecera não fora culpa de nenhum dos dois. Embora pudessem isentar-se da culpa, tudo ainda estava longe de ficar bem.

– Até alguns meses atrás não conseguíamos sequer falar de Alex, sem querer arrancar a cabeça um do outro – observou Leah.

– Então, está melhor. Mas não posso dizer que me sinto nem um pouco melhor. Toda vez que vejo um jovem de quinze anos saudável, acho que Alex devia ser assim. Sempre que vejo uma família feliz, imagino que devíamos ser assim. Não tenho mais ninguém a quem responsabilizar pelo acidente, mas meu ressentimento continua o mesmo. Que aconteceu com a vida que esperávamos ter?

Ela continuou

– Tenho de superar, nós dois temos. Não é apenas o fato de me sentir terrível, mas não é justo para Alex, que deve achar que estamos decepcionados com ele. É muito injusto ter-lhe acontecido uma coisa tão terrível e, além disso, a gente desejar que ele fosse diferente.

Jake e Leah realmente precisavam "superar isso", mas começava a ficar claro para mim que eles apenas não entendiam o que significava "superar". O casal parara de culpar um ao outro, o que era bom. Pouco antes, os dois tinham conseguido chorar juntos ao falar do filho, o que também era bom. Mas as lágrimas não eram na verdade lágrimas de aceitação; mas de ressentimento e desgosto, derramadas pela vida que julgavam que Alexander e os dois deveriam ter tido. E isso não era bom.

Precisavam fazer uma distinção crucial: livrar-se do ressentimento e desgosto, mas não necessariamente livrar-se da dor e pesar.

Tentando esclarecer, perguntei:

— O que querem dizer com "superar isso"?

— Superar todo esse pesar dilacerante. Não é o que vem nos dizendo?

— Não é bem isso — respondi. — Vocês precisam superar o ressentimento, mas duvido que algum dia superem o pesar. Lembrei-me de uma história. Quando Ernest Hemingway morava em Paris, amigos perderam dois dos filhos, vítimas de doença. Ele escreveu-lhes uma carta que terminava com esta frase: "Ninguém que a gente ama morre". Essa frase sem dúvida se aplica aos dois. Alexander não morreu, graças a Deus, de certo modo, pelo menos para vocês, ele morreu naquele lago. Vocês precisam trazê-lo de volta à vida, lembrar-se dele, superar essa coisa de "O que aconteceu com a vida que deveríamos ter tido". Não vai ser fácil, porque se lembrar de como ele era e amá-lo como ele de fato é vai ser muitíssimo doloroso, mas, se quiserem superar esse ressentimento, têm de parar de tentar superar a dor.

Os dois ficaram pensando calados no que eu dissera. Leah foi a primeira a falar:

— Imaginei que você vinha tentando nos levar aonde não sofrêssemos mais — disse em voz baixa. — E para ser franca acho que sentia que isso simplesmente não seria correto. Eu me sentiria como se estivesse esquecendo Alexander, traindo-o. Por isso, o que você disse parece verdade.

— Isso ajuda — concordou Jake. — Mas se assemelha a uma dessas coisas que parecem claras aqui quando conversamos com você e, depois, quando vamos embora, ficam todas nebulosas. Tem algum tipo de artifício que nos ajuda a lembrar o que diz?

Tive de pensar um instante; em geral não sou bom em frases fáceis de lembrar. Acabei, após uma pausa incômoda, sugerindo:

– Que tal isso? Se o ressentimento é o ato de desejar um passado diferente, a tristeza pela perda é o ato de aceitar esse passado para permitir um futuro diferente.

A ajuda de um padre

Durante os meses seguintes, os dois redobraram os esforços: conversando, continuando a olhar fotografias, tentando ater-se à idéia de que amavam Alexander como ele era agora. Embora entendessem a necessidade de chegar a um tipo de aceitação mais profunda na mente racional, chegar a essa aceitação no eu mais sensível era outra questão:

– Acho que temos feito tudo certo – disse Jake –, e o relacionamento sem a menor dúvida melhorou. Mas não sentimos muita alegria na vida. – Interrompeu-se um instante, e quando falou as palavras refletiram meus próprios pensamentos não ditos: – Talvez precisemos aceitar o fato de que isso é o melhor que vamos conseguir.

Então a ajuda veio de uma surpreendente fonte: um padre.

Jake e Leah haviam se casado na Igreja católica, mas quando adultos pouco mais fizeram além de comparecer de vez em quando à missa de Natal com os filhos. Motivados, sobretudo, pelo capricho de "se mal não faz, por que não tentar?", decidiram conversar com o padre da paróquia local sobre Alexander. O que obtiveram foi completamente inesperado.

Contaram ao padre o que acontecera com o filho, e ele deu-lhes todas as respostas certas e esperadas. Quando reconheceu a intensidade da dor dos dois, as palavras pareceram-lhe sinceras. Compreendeu que a adversidade enfrentada por Alexander jamais desapareceria de todo, e a probabilidade maior era de que os pais não se livrariam da agonizante sensação de perda. Então, após cerca de uma hora de conversa, tão logo eles chegavam à conclusão de que a conversa fora útil, mas dificilmente capaz de alterar a vida, o padre surpreendeu o casal.

– Perguntei-lhe se podíamos fazer alguma coisa além do que já fazíamos – disse Jake. – Eu não esperava grande coisa, por isso não me surpreendi quando ele começou dizendo que fazíamos tudo certo. Mas então nos disse que nós... e você... não havíamos pensado numa coisa, que fôssemos gratos. – Fez uma pausa para tomar um gole d'água e continuou. – A princípio pensamos: "Que tipo de baboseira carola é essa?" Mas então ele nos explicou. Disse que toda vida é preciosa, devíamos ser gratos por cada dia que tínhamos com Alexander, por cada momento mágico que tivemos antes da lesão e por cada momento difícil, doloroso e igualmente mágico desde então.

Então perguntou:

– E se nosso filho não tivesse nascido? – acrescentando que há dádivas a serem encontradas na vida que tínhamos tão valiosas quanto às que teríamos encontrado na vida que não tivemos.

– Nossa – exclamei. Também fiquei comovido com o que o padre dissera.

– E então ele meio que nos expulsou com uma bronca – acrescentou Leah, dizendo: "Deus pôs vocês no mundo para cuidar dessa criança, para cuidar também de sua filha. Não nos cabe escolher nossa missão, mas aceitar a que nos foi dada. A de vocês é esta. Sejam gratos pela oportunidade".

Pelo meu trabalho tive o privilégio de conhecer na intimidade inúmeras pessoas durante muitos e muitos anos. Como indivíduos e casais às vezes conversam comigo por longos períodos, tive ainda a oportunidade de ver vidas se desenrolarem em tempo real. Também tive esse privilégio porque, mesmo quando as terapias são mais curtas, os pacientes muitas vezes retornam, em algumas ocasiões até vinte anos depois. Às vezes para tratar de problemas novos, em outras para tornar a trabalhar os antigos, e em alguns casos apenas para me contar como fora a vida. Dessa rara perspectiva, aprendi que o tempo com freqüência pode ser inclemente, mas também que pode ser uma poderosa cura; com o passar dos anos, nossas admiráveis capacidades de resistência, perseverança e mudança criativa se desdobram, permitindo-nos encontrar soluções onde muitas vezes parecia haver pouquíssima esperança.

Jake e Leah pararam de me ver com assiduidade poucos meses depois da conversa com o padre, mas, durante os dez anos seguintes, retornaram uma ou duas vezes por ano, às vezes para falar de assuntos espinhosos, com mais freqüência apenas para conversar. Eu não diria que houvessem algum dia chegado a alcançar a alegria que esperavam, e as lembranças jamais se libertaram da dor do acidente de Alexander. Mas encontraram o caminho para a esperança, o otimismo e o senso de propósito profundo e permanente.

A contínua recuperação do filho ajudou muito; aos vinte e poucos anos vivia independente, freqüentava a faculdade da comunidade, trabalhava em meio expediente e tinha uma namorada. Mas, mesmo se o crescimento dele não houvesse continuado, eu sentia que Jake e Leah teriam encontrado o caminho para uma vida mais satisfatória; haviam mudado de forma radical o modo como pensavam no que antes chamavam de a "nossa tragédia".

– O filho que temos é uma dádiva, disse Leah, muitos anos depois do início da terapia. – Ter filhos nos ensina a nos conhecer, mas ter um filho acidentado ou problemático nos ensina *realmente* a nos conhecer. Jake e eu descobrimos capacidades em nós mesmos que jamais imaginamos que tivéssemos.

Continuou então:

– Teria sido melhor a vida de Alex, se o acidente jamais houvesse acontecido? – É provável, mas não se pode pensar nisso assim. Teria sido melhor nossa vida, se o acidente jamais houvesse acontecido? Talvez? Na verdade, eu não sei a resposta a isso, o que é uma coisa surpreendente de admitir. Mas sei o seguinte: somos pessoas melhores do que teríamos sido se tudo houvesse corrido de acordo com o plano.

Após uma breve pausa, ela deu um sorriso torto e acrescentou:

– De acordo com o plano? Chega a ser cômico, não? Sabe o que mais aprendemos? Nunca houve um plano. A vida é apenas o que é.

PERDOAR E AGRADECER JUNTOS

Não encontramos o caminho para uma vida bem vivida procurando "respostas certas"; as respostas certas, como tal, são com demasiada freqüência reduções temporárias, egoístas, da infinita complexidade da vida. Podemos encontrar um caminho muito mais poderoso na compreensão de que temos de fazer escolhas, muitas vezes difíceis, diante de uma série infindável de paradoxos.

Um dos mais fundamentais paradoxos envolve a tensão existente entre a necessidade de mudar a vida, por um lado, e, por outro, a importância de aceitar a mão de cartas que nos foi distribuída. Nenhuma escolha independente oferece uma solução: se acreditamos que tudo pode ser mudado, seremos frustrados e decepcionados para sempre, enquanto, se aceitarmos tudo que acontece como um destino inalterável, seremos passivos e impotentes. Quando pensadas em conjunto como uma tensão insolúvel, porém, essas polaridades nos oferecem uma valiosa equação, embora nunca totalmente explicável, para a vida.

A aceitação radical, a solução para esse paradoxo da vida, envolve substituir o rancor pela gratidão e, desse modo, encontrar sentido, não apesar das adversidades e limitações da vida, mas por causa delas. Essa solução, apreendida pelas palavras da Oração da Serenidade[7], nos ajudará nos esforços para vivermos bem, e sobretudo vivermos bem ao envelhecermos, quando a necessidade de sofrer a perda de alguém sem desespero torna-se sempre mais aguda.

Claro que podemos buscar a resolução de "perdoar e agradecer" sozinhos. O mesmo se aplica às outras três resoluções descritas na segunda metade deste livro (acreditar em algo mais importante que vocês mesmos; abandonar hábitos e vícios; e brincar). Mas, como também ocorre com essas outras três resoluções, perdão e gratidão podem ser profunda e indelevelmente alcançados pela disposição a ser mais vulneráveis e autênticos em nossos relacionamentos íntimos de longo prazo.

Mais uma vez, os cônjuges são em geral as pessoas mais importantes para nós. Como partilhamos responsabilidade pela nossa vida com eles, pois são ímãs para as decepções mútuas, quase se encontra escrito nos contratos de casamento que os culparemos quando as coisas derem errado.

Mas o que acontece quando insistimos em fazer o oposto? Quando o nos livramos da tendência a culpar e nos ressentir das pessoas amadas por nossas decepções? Toda vez que perdoamos e agradecemos um ao outro, ensinamos um ao outro lições de vida cruciais e generalizáveis: Não há plano mestre. Nem vida alguma que se espera que levemos. E tampouco um bom futuro em desejar um passado diferente. A suposição de que tudo deve sempre vir ao nosso encontro, e que se deve culpar alguém ou alguma coisa se não vem, apenas nos afasta do caminho para nosso eu melhor.

Assim, quais são alguns *Post-it* mentais que podem nos ajudar a retirar aquelas moscas de alvo das costas dos companheiros e, em vez disso, nos ensinar mutuamente a lição inconfundível de envelhecer: a vida extrai sentido, e nós extraímos felicidade, aceitando as coisas que não podemos controlar, aproveitando o máximo delas e até, por mais estranho que possa parecer, sendo gratos por elas?

- **Descubra seus ressentimentos.** Todo relacionamento os tem. O mesmo se aplica às mágoas e decepções. Também as encontre. Reconheça-as, converse sobre elas e faça isso sem culpar.

- **Não parta do princípio de que você é mais responsável que seu parceiro pelo que é bom na vida conjugal.** Muitas vezes os dois membros de um casal acham que contribuíram mais e que sua própria contribuição é depreciada. Corrija essa tendência. É provável que a contribuição mútua seja mais equilibrada do que parece.

- O mesmo se aplica ao que é ruim no relacionamento. **Seja desconfiado, muito desconfiado, sempre que achar que as dificuldades se devem mais à culpa do parceiro que à sua.**

- Para citar o escritor espiritual Henri Nouwen[8], **lembre-se de que "Nossos sofrimentos e dores não são apenas interrupções incômodas da vida".** Somos quem nós somos, ele nos lembra, não apesar de nossa dor, mas por causa dela.

E se você sentir que está sozinho?

- **Para início de conversa, não culpe e fique ressentido se de fato tiver de assumir a maior parte da responsabilidade.** Na verdade, considere isso uma oportunidade de crescimento.

- Quando não conseguir ter uma conversa com o parceiro sobre o que está errado, **insista em tentar entender qual é a parte que lhe cabe.** Entenda que alguma parte é sempre sua.

- **Disponha-se a reconhecer qual é a sua parte sem a expectativa de que o parceiro reaja da mesma forma.**

- **Perceba as coisas às quais deve sentir-se grato, e expresse-as com sinceridade.** Uma das grandes mágoas que tendem a sentir os membros de um casal é a de se considerarem depreciados. Demonstre apreciação e, se necessário, faça-o sem a expectativa de reciprocidade.

- **Mais uma vez, sirva de modelo.** A forma mais poderosa de mudar o cônjuge é mudar a si mesmo.

A piada de 21 anos

Deitado na cama, com um pijama que jamais usava, Nick ouvia o conhecido ciclo de ruídos noturnos: a escovação de dentes, o gargarejo, a cuspida, a água correndo na pia e a descarga no vaso sanitário. Ergueu os olhos do livro que lia, menos por falta de interesse que pela necessidade de terminar, e encaminhou-se para o banheiro, ao encontro da esposa. Ela vinha decidida para a cama, mas, ele percebeu que não em sua direção. Sabia que estava zangada.

A linha reta de Sophia da lavagem do rosto e escovação de dentes direto para a cama e o livro destinava-se a deixar pouco espaço para o marido. Estava mesmo furiosa com Nick, que tornara a fazer aquela piada – sobre ela ser uma espécie de planta rara que não podia ser transplantada para fora da cidade de Nova York. Não foi engraçado quando a contou pela primeira vez, e repeti-la durante vinte anos não a tornara em nada mais engraçada.

Sabia que a raiva se devia à piada. Para ser franco, ele se sentia meio envergonhado por tê-la contado: sabia que não era engraçada, que ia deixá-la furiosa, além de revelar um lugar de infelicidade privada entre os dois. Mas também se sentia furioso com ela, e na certa foi por isso que a contou. Parecia-lhe que após vinte anos morando em Boston ela pudesse aceitar o fato de que foi ali que tiveram uma vida muito boa. Parecia-lhe que seria agradável sair de vez em quando para jantar, sem ter de ouvir que os restaurantes são melhores em Nova York.

– Escute, sinto muito pela velha piada. Sei que a deixa fula da vida. Mas você não acha que talvez possamos fazer alguma coisa juntos sem que me faça sentir como um jogador de segunda divisão que a arrastou para uma cidade secundária?

– Não o considero um "jogador de segunda divisão", Nick – rebateu Sophia. – Por que você tem de levar tudo para o lado pessoal?

Ela olhou-o do lado da cama, os braços cruzados nos seios, quase os esmagando. Pensava na mudança para Boston. Nick recebera uma proposta de emprego irrecusável. A época foi terrível. A mãe agonizava, e o pai – o "babaca do meu pai", ainda o chamava assim – pareceu achar que a ocasião do câncer pancreático da esposa era o momento perfeito para tornar público o caso extraconjugal secreto de dez anos. A mudança para Boston significou deixar a mãe aos cuidados das enfermeiras, dos empregados do hospital e da irmã egoísta, que sempre tomou o partido do pai.

– Por que continua me culpando por uma coisa que aconteceu

há vinte anos, com o que os dois concordamos? – perguntou Nick. – Sua mãe se tornou uma santa desde que morreu, mas, pelo que me lembro, o relacionamento que você tinha com ela não era tão esplêndido assim enquanto vivia.

– Vamos parar, Nick. Nunca chegaremos a lugar algum com isso. – Embora Sophia suavizasse a voz, não era a suavidade de aproximação, mas de cansaço de uma briga de vinte anos que parecia fazer pouco mais que raspar as cascas de velhas feridas. Deitou-se, próxima o bastante do marido para disfarçar a distância, e manteve o livro mais afastado diante de si segurando-o com um pouco mais de firmeza do que seria natural.

Após algumas páginas, largou-o.

– Posso apagar a luz, ou você ainda vai ler?

– Pode apagar – ele respondeu formal, apenas com uma irritação suficiente para ela perceber sua infelicidade, mas não tanto que a fizesse questioná-lo a respeito.

– Vai pegar Danny depois da escola amanhã? – ela perguntou, o tom também formal, mas sem a irritação.

Pretendia mudar a sensação de luta silenciosa dos tons.

– Vou, quinta-feira é meu dia – ele respondeu, e ela percebeu que o marido também cedera. Também estava farto da briga.

– Talvez sejam coisas que a gente nunca chegue a resolver – ela disse, fitando o teto. – Coisas com que temos de conviver.

Nick percebeu a ternura insinuando-se na voz dela, junto com a resignação. Sentiu os ombros relaxarem e a garganta destravar-se.

– Sinto muito mesmo pela piada. Tão logo me escapou da boca, quis trazê-la de volta.

– Também sinto – disse Sophia, rolando para longe dele. Então, esticando o pé atrás para tocar a pele do marido, acrescentou: – Foi uma época medonha quando nos mudamos. Acredita que ainda não a superei?

– Foi, sim – respondeu Nick. – Mas não vejo isso como uma coisa a superar. Às vezes acho que algumas coisas jamais deixam de machucar.

CAPÍTULO 8

BRINCAR

Danielle, uma menina de quatro anos de idade, olhos arregalados e cabelos castanhos compridos, entrou no consultório. Ajeitou o vestido de verão amarelo, olhou desconfiada a sala em volta e então, apertando com mais força a mão da mãe, começou a chupar o polegar.

– Este é o doutor O'Connell – disse a mãe.

Quando apertei a mão minúscula (e levemente úmida) de Danielle, ela perguntou:

– Você é o médico que está ajudando a mamãe com o caroço no seio?

– Não – respondi – sou o médico que a ajuda a se sentir bem.

– Que bom – disse a menina. – Porque o corpo dela está deixando ela triste.

A mãe de Danielle e eu nos sentamos em nossas cadeiras, enquanto a menina circulava pela sala. Reuníamo-nos no consultório de minha mulher; como é psiquiatra infantil, o dela, ao contrário do meu, tem a vantagem de ser cheio de brinquedos e por isso eu o tomara emprestado para a ocasião. Danielle encaminhou-se até a boneca antiga que ficava na estante, e segurou-a junto ao peito.

– Coitadinha dela – disse.

Perguntei qual era o problema da boneca.

– Não se sente bem – ela respondeu.

– Oh, meu Deus – eu disse. – O que há com ela?

– Precisa de um médico.

Com isso, pôs a boneca delicadamente no chão e foi com um ar decidido até a mesa no outro lado da sala. De algum modo, notara o estetoscópio que minha mulher usa para medir a pressão sangüínea e então o pegou, voltou para a boneca e continuou seu exame.

– Como está a situação? – perguntei, em seguida a uma pausa que esperava fosse longa o suficiente para respeitar a gravidade do trabalho dela.

– Todo mundo anda preocupado com ela – respondeu Danielle –, e ela também. Mas pessoas boas estão ajudando, por isso acho que ela vai ficar boa.

A mãe de Danielle, você na certa já deduziu, vinha sendo tratada de um câncer de mama. Embora os prognósticos fossem bons, e a mãe e o pai fizessem um maravilhoso trabalho de equilíbrio sendo tranqüilizadores, mas ainda assim francos com os filhos, o medo inundava a casa.

Danielle, porém, era uma menina cheia de recursos e fazia o que fazem as crianças saudáveis para aceitar as complexidades e dores da vida e do crescimento: não falava direto das coisas, brincava. Brincava de ser o médico e a paciente. Não apenas nesse momento no consultório de minha mulher, mas repetidas vez, dia sim, dia não, brincava, de um modo ao mesmo tempo real e não real,[1] todas as formas de jogos relacionados a doença e cura, temor e esperança. Os jogos transferiam o medo da doença na vida real da mãe para o flexível pátio de recreação de sua imaginação, e ali, num universo de regras fluidas, ela conseguia mesclá-lo com esperança e possibilidade, mitigando assim as duras realidades que enfrentava, sem negá-las.

Embora não pudesse mudar o fato da doença da mãe, podia, pela brincadeira, mudar sua relação com essa doença.

As crianças têm muito a ensinar-nos. Vêem o mundo em grande parte sem malícia e pautas (até se darem conta de que devem aprender a ocultar partes de si mesmas). Falam sem medo de dizer a verdade (até lhes ensinarem a fazer o contrário). E até serem levadas a perder a inocência, podem viver com o próprio corpo sem vergonha. Além disso, têm acesso imediato ao modo individual mais poderoso de transformar a dor insuportável em energia construtiva: muito melhor que a maioria dos adultos, sabem como brincar.

Brincar[2], esta é a oitava resolução.

Da inovação, por Michael e Susan, de uma nova forma de fazer amor diante da impotência dele, ao ritual da hora de dormir de Noah e Devon, ao jogo do choro de Ethan e Olivia, e à brincadeira íntima, criativa e edificante de Peter e Stephanie, brincar ajudou esses casais a encontrar o caminho de volta às partes essenciais de si mesmos que haviam se perdido com a dor. Brincando juntos, tornaram-se mais inteiros juntos.

O envelhecimento envolve o acúmulo de experiências de vida de um modo que permita a nós nos conhecer e também ao mundo em volta com generosidade, esperança e um mínimo de negação. Se quisermos que a realidade nos traga sentido, e não desespero, porém, precisamos aprender a atenuar as duras arestas da vida com esperança, e não ilusão. Isso significa que precisamos aprender a brincar.

GERRY E EMMA KELLY

Gerry Kelly era uma aparição sob quase um metro e oitenta e cinco de altura[3], desgrenhados cabelos grisalhos e um corpo que parecia ter sido um dia bastante atlético, mas agora exibia uma grande pança. Com um olhar tímido, entrou no consultório e, sem tomar aparente conhecimento da esposa que o seguia, dirigiu-se para a cadeira. Tão logo se sentou, ergueu os olhos para mim e disse, nervoso:

— Não me faça perguntas, eu só trabalho aqui.

— Trabalha? — perguntei. — E casamento é trabalho?

— Trabalho? Soa bem horrível, né? Não é um trabalho. Mas Emma acha que precisamos de alguma ajuda, e, escute, que é que eu posso dizer? Ela na certa tem razão.

— Então, no que precisam de ajuda?

Eu logo aprenderia a apreciar a capacidade de ponderação de Gerry, mas nesse momento, levado por reflexo, olhei para Emma, supondo que seria ela a me pôr a par.

O que de fato ela fez.

— Eu não sei, exatamente. Talvez anos de aceitação um pelo outro como fato consumado? — Em contraste com Gerry, pa-

recia à vontade em meu consultório, num corpo que parecia saudável, embora um pouco magro demais e em roupas de caimento folgado confeccionadas mais para conforto que moda.
– Não sei bem como expressar isso. Acho que somos pessoas muito legais. Não parece de fato uma coisa ruim, mas quero dizer que somos *patologicamente* legais. Como se você fizesse um programa de televisão sobre nós e pudesse chamá-lo de "O casal legal". "E esta semana o casal legal quase teve uma briga", este seria nosso programa. Grande conceito, só que seria tão tedioso que ninguém assistiria.
– O senso de humor de vocês não ajuda com o tédio? – perguntei.
– Somos engraçados. Ou talvez eu deva dizer que éramos engraçados. Gerry chegava a ser um folião quando saía com os amigos, sobretudo depois que já tinha tomado duas cervejas, porém já nem isso faz mais tanto. Então, éramos engraçados. Essa coisa de "casal do bem" era uma espécie de piada entre nós. Mas agora somos quase o tempo todo apenas chatos. Legais, mas chatos.
Os dois haviam se conhecido e casado com trinta e tantos anos, e ao longo dos últimos quinze a vida despencara para uma espécie de estagnada estabilidade. Gerry, engenheiro, ainda trabalhava para a empresa na qual ingressara logo após a universidade e, embora ganhasse um dinheiro razoável, teria ganho muito mais se houvesse corrido atrás da opções de compra de ações e promoções que surgiram ao seu alcance ao longo dos anos. Emma trabalhava como epidemiologista numa faculdade de medicina local, e, embora não houvesse galgado os graus acadêmicos, o trabalho como professora e pesquisadora era seguro. Juntos, o casal tinha uma situação financeira confortável, sobretudo em vista da decisão mútua de não ter filhos.
– Sinto alguns remorsos em relação a isso – disse Emma. – Mas nenhum de nós considera este mundo um lugar muito seguro para trazer crianças. E talvez nenhum de nós ache que seríamos muito bons em torná-lo mais seguro para eles.

– Acho que somos um casal muito mediano, a não ser pela parte dos filhos – disse Gerry. – Mas não começamos assim.

E nesse sentido seguem-se duas histórias surpreendentes.

Gerry falou primeiro. Era um de nove filhos nascidos numa família operária irlandesa de Boston; o pai fora sindicalista, pugilista amador e bebedor profissional. A mãe, devota católica irlandesa como o marido, fora uma mulher desesperada em silêncio; deprimida, tímida e subjugada por ele e os muitos filhos do casal. Aos treze anos, Gerry, além de com muita freqüência matar aula, começara a beber cerveja e fumar maconha, e até anotava alguns números para um agenciador local de apostas. (Por ironia, incluiu o pai entre os clientes.)

Mas então o padre O'Malley, um sacerdote da paróquia local, tornou-se seu amigo e ajudou-o.

Durante os quatro anos seguintes, Gerry fazia-lhe uma rápida visita na reitoria todos os dias, depois da escola, e fazia o dever de casa sob o vigilante olhar do padre; com esse incentivo, abandonou a turma da pesada com quem andava e matava o tempo. Após algum tempo, abriu-se com O'Malley, falando-lhe sobre a vida familiar, os receios, as esperanças e ambições mantidas em particular. Quase o tempo todo o padre só ouvia e estimulava o jovem a ir para a escola e fazer o dever de casa. Às vezes pagava o almoço dele, e de vez em quando os dois lutavam juntos.

– Eu adorava – disse Gerry, saudoso. – Cada momento. Sobretudo da luta grosseira. Meu pai nunca me tocou, a não ser para me bater. Eu consegui arrumar minha vida por causa de O'Malley... Sem ele estaria em alguma esquina de rua com uma caneca, na prisão, ou morto.

Então, em meados do último ano do curso secundário, logo depois de Gerry receber uma bolsa de estudos para a faculdade católica Holy Cross College, padre O'Malley comunicou-lhe que ia deixar a paróquia.

– Nunca me disse para onde ia nem por quê. Ele, O'Malley... sabe que não consegui dizer seu nome durante anos... foi muito objetivo e direto. Eu não chorei, nem nada assim, fiz apenas o que aprendi a fazer quando era garoto... fechei-me. Mas no íntimo fiquei transtornado mesmo. Alguns dias depois, meu pai me disse, naquele típico jeito idiota dele: "Escute, eu soube que pegaram aquele seu padre bicha bolinando um garoto. Sempre me perguntei o que vocês ficavam fazendo lá depois da escola todo dia".

"Mais tarde, também fiquei sabendo que o que meu pai disse era verdade", continuou Gerry, "mas isso nunca fez sentido para mim. Quando me entrego às lembranças, me pergunto: será que tinha alguma coisa errada no jeito que ele me olhava, falava comigo? E também tinha a luta. Sei que eu a adorava na época, mas agora, quando me lembro, parece repulsiva. Por qualquer que tenha sido o motivo, porém, ele nunca tentou nada dessa droga de pedofilia comigo."

Gerry interrompeu-se então, com os olhos marejados de lágrimas.

— Ainda me pergunto: por que não eu? Sei que é doentio, mas às vezes sinto ciúmes. Isso também não faz o menor sentido para mim. Parecia que ele gostava mesmo de mim. Então talvez não fizesse sacanagem comigo porque não gostasse muito de mim. Dá para você ver como ainda me sinto puto com isso. Simplesmente não entendo. Nunca entendi.

Quando terminou de falar, nossa primeira hora chegara ao fim. Emma e eu ficamos ali sentados em silêncio, comovidos pelo que havíamos acabado de ouvir. É provável que tenha se passado um minuto até ela quebrar o silêncio:

— E isso é só a metade. Semana que vem vou contar a você de onde eu venho.

Conforme o que disse, Emma iniciou a sessão seguinte com sua história.

— Sou judia — começou. — Não sei se contei isso na primeira sessão, mas meu nome de solteira é Rosenbaum. E embora não seja uma judia muito religiosa, ser judia é realmente uma parte importante de quem eu sou. E, receio, de quem não sou.

A vida dos pais de Emma fora formada em atrocidades. O pai, menino em Minsk no início da guerra, escapara por milagre aos assassinatos em massa cometidos pelas brigadas da morte Einsatzgruppen, em 1941 e 1942. Passara o resto da guerra escondido por vizinhos membros de um pequeno grupo de resistência clandestino, e depois da guerra conseguira chegar aos Estados Unidos. A mãe de Emma, enquanto isso, era uma menina que morava na Holanda durante a ocupação nazista, e também fora protegida pela resistência. Alguns meses antes do fim da guerra, porém, foi traída, capturada e deportada para Terezenstadt. Por sorte, o tempo que passou lá foi breve, e ela viveu para ver o campo libertado. Emigrou para os Estados Unidos, onde conheceu e se casou. Emma e a irmã nasceram logo depois.

— Meus pais sobreviveram ao Holocausto... por pouco. E quando a pessoa passou por uma coisa igual ao que eles passaram, um pouco da loucura é transmitida aos filhos, eu não ligo para a grande loucura que recebi. Várias vezes meus pais ficavam deprimidos, choravam pelos parentes que não haviam conseguido escapar, viviam apavorados com a idéia de que minha irmã e eu fôssemos estupradas e mortas... viviam com toda essa coisa que acompanha o fato de ser sobrevivente.

— Mas uma coisa era diferente neles. Eu conhecia outras crianças judias, cujos pais, embora houvessem estado em campos ou tivessem parentes assassinados, jamais falavam disso. Meus pais passaram a vida toda tentando entender como os nazistas puderam fazer o que fizeram. Meu pai era até professor de estudos alemães. E também tentavam certificar-se de jamais agir como os nazistas. Eram vegetarianos radicais, durante os anos sessenta protestaram contra a guerra, manifestaram-se contra a pena de morte, todo tipo de movimentos contra a violência. Eram pessoas admiráveis, maravilhosas, mas com profundas cicatrizes. Tinham tanto pavor de violência que não podiam sequer nos disciplinar.

Emma interrompeu-se, o rosto enrubescido.

– Lembro a única vez que meu pai elevou a voz para mim – acabou por continuar. – Achei que ele ia ter um ataque cardíaco. Literalmente. Minha mãe teve de levá-lo para o pronto-socorro, onde lhes disseram que não era ataque cardíaco, mas apenas ataque de pânico. Acho que foi a última vez que o vi furioso.

Como ocorre com a maioria dos filhos de pais que sofreram algum trauma terrível, Emma transferira para si os fardos da geração anterior.

– Lembro que na faculdade de medicina desmaiei de repente quando fizemos pela primeira vez uma cirurgia em um cachorro. Pensei nas experiências médicas em Auschwitz e então simplesmente apaguei. Eu queria ser cirurgiã pediátrica, mas entrei em epidemiologia porque fiquei apavorada de fazer operações nos pacientes. E agora aqui estou, pesquisadora de saúde pública. Acho muito bom, mas, como tantas coisas em minha vida, é uma contemporização.

– Como seu casamento – observei.

– Como meu casamento – ela respondeu. – Imaginei que Gerry era um cara irlandês durão do sul de Boston que tinha se envolvido com apostas e se metido em brigas quando criança, se fizera por iniciativa própria, com um mínimo de auxílio externo, e conquistara uma vida para si mesmo. Achei que ele poderia me tornar, esta amedrontada intelectual judia do Brooklyn, um pouco menos assustada. Mal sabia eu que era tão amedrontado quanto eu.

BRINCANDO COM O TEMPO

Talvez você tenha notado uma interessante virada nas histórias que eu contei até aqui: não apenas os relacionamentos íntimos duradouros nos ajudam a aprender a conviver bem com as dificuldades do presente, mas também nos oferece a oportunidade de voltar no tempo e, desse modo, curar as dores do passado.

"Voltar no tempo?" Talvez você se pergunte que tipo de viagem ao passado é essa, sugerir que o amor pode anular as regras da realidade e levar-nos de volta no tempo. Afinal, não se espera que a marca registrada do desafio do envelhecimento seja a aceitação graciosa e otimista da vida como ela é?

Bem, num dos mais admiráveis paradoxos da vida, o amor duradouro de fato permite que nos tornemos viajantes no tempo[4]. Quando nos perdemos durante o sexo, e naqueles breves e deliciosos momentos em que a luz capta o rosto de nosso amado na medida exata, e a gente o vê como nos lembramos dele anos atrás, por alguns instantes resgatamos a paixão dos primeiros meses juntos. Essa prestidigitação temporal também ocorre quando regredimos a estados infantis de carência e dependência e nos vemos vivendo em partes menos adultas de nós mesmos, assim como quando encontramos o caminho de volta às lembranças de preciosos momentos que se foram. Nessas e em outras experiências íntimas, buscamos fôlego e energia do passado mais jovem para o presente de envelhecimento.

A capacidade que têm os amantes de criar uma medida de fluidez em torno das arestas, em geral, inflexíveis do tempo também resulta de fato em dificuldades, claro: não é uma coisa muito fácil, por exemplo, quando uma leve repreensão de um cônjuge irritado desencadeia anos de humilhação sentida nas mãos de um pai crítico. Mas esse movimento através do tempo e emoção também oferece uma poderosa ferramenta[5]: como ilustra cada um dos casais descritos neste livro, a máquina do tempo do amor permite-nos trazer ao presente partes de nós maltratadas e congeladas por injúrias do passado. Podemos então curá-las e descongelá-las, tornando-nos mais resistentes.

Claro, o próprio tempo não cura todas as feridas; se, quando reexaminamos lesões anteriores, apenas repassamos roteiros antigos, pouco mais faremos que reforçar os medos que se originaram dessas lesões.

Se quisermos reescrever os roteiros antigos, nos livrarmos dos hábitos, convicções e soluções autoprotetoras e limitadoras que bloqueiam nosso caminho para mudar e crescer, temos de reconhecer e comemorar as formas nas quais os amantes e relacionamentos atuais diferem de nossas experiências passadas. E depois temos de aprender com essas diferenças.

É aí que entra a brincadeira[6], o tipo de brincadeira a que se referiu Aristóteles quando escreveu: "Brinque para poder ser sério".

Então o que é brincar exatamente?

Bem, para começar, a brincadeira é uma tendência natural reparadora que existe em todos nós. Como demonstra a menina Danielle, vemos essa inclinação de forma mais forte nas crianças, mas se acha igualmente presente nos adultos; apenas tende a ocultar-se por trás de convenção, timidez, medo e outras forças que limitam a espontaneidade e a autenticidade.

E como ocorre essa brincadeira?

Não programamos a brincadeira[7], nem concordamos conscientemente em brincar. Não negociamos de antemão as regras e roteiros do jogo. Grande parte da brincadeira acontece em seus próprios termos, e nosso único controle real está em saber se permitimos ou não que ela se desenrole. Mas, seguindo as resoluções descritas neste livro, sendo abertos, autênticos e vulneráveis um com o outro, deixamos emergir nossa natural e reparadora tendência a brincar.

E, por fim, que faz a brincadeira?

Quando ocorre em um espaço íntimo de intensa privacidade e segurança, a brincadeira permite ao casal fazer com que elementos do passado comum antes não negociáveis entrem em criativa colisão um com o outro. De modo ao mesmo tempo real e não real, expressam o passado e o presente e levam em conta a imutabilidade da história junto da possibilidade de mudança, a brincadeira estimula partes de nós mesmos que se tornaram amortecidas, alivia partes que se tornaram pesadas demais para carregar, além de nos ensinar a conviver com dores que se tornaram quase sempre grandes demais para suportar.

Gerry e Emma jamais poderiam mudar as realidades históricas do doloroso passado. Mas, se pudessem aprender a brincar juntos, talvez conseguissem juntos tornar a contrapor antigas lesões no presente e, desse modo, ajudar um ao outro a se tornarem um pouco menos assustados, e talvez até um pouco menos "legais."

Brincando (e lutando) na conquista do caminho para a liberdade

Incentivei Gerry e Emma a correr alguns riscos. Pedi-lhes que conversassem mais um com o outro, se zangassem um pouco mais quando necessário, expressassem um pouco mais de desejo quando sentissem. Em essência, pedi-lhes que fossem um pouco menos "legais". Emma jamais trairia Gerry como fizera o padre O'Malley e os próprios pais dele, argumentei. E Gerry não era nenhum nazista; sua agressão jamais se aproximaria da que Emma sentira como ameaçadora nas sombras do passado dos pais.

Gerry e Emma aceitavam o que eu dizia, mas a vontade de mudar era enfraquecida pelos seus muitos hábitos de garantir a segurança. Ele exagerava na comida, ela exercitava-se de forma um tanto obsessiva, e no topo da lista vinha a televisão.

– Televisão ruim – segundo Gerry. – Gostamos de todos os programas de má qualidade. The Bachelor (O solteiro), The Amazing Race (A corrida milionária), Survivor (No limite); é só citar, que assistimos. Em essência, apenas nos drogamos com televisão ruim e depois vamos para a cama.

Não foi difícil fazer Gerry tentar comer um pouco menos e Emma fazer um pouco menos de exercício. A televisão, porém, era outra história. Acabei por propor uma regra: um programa por noite, a ser selecionado em conjunto.

– Vencer o vício – observou Gerry. – Vai nos receitar metadona?

Durante os meses seguintes, eles de fato conseguiram ater-se à resolução de apenas um programa por noite, mas lutavam com a forma de encher o espaço recém-aberto. Mais guloseimas para ele e mais exercícios para ela foram as opções óbvias, só que o casal resistiu à tentação de substituir um hábito por outro, e aos poucos começaram a voltar-se um para o outro. Era na verdade o resultado desejado, mais uma vez, porém, não foi fácil.

– Outra noite, depois que terminou Survivor, nos entreolhamos com aquele olhar "tudo bem, então o que faremos agora?" – começou Emma. – Foi muito, muito estranho. Lá estávamos nós, casados há vinte anos, sem saber sequer o que dizer um ao outro quando desligamos a televisão.

– O que acabaram fazendo? – perguntei.

– Era uma linda noite, e Gerry sugeriu um passeio. Cheguei a tomar o braço dele. Um grupo de adolescentes passou por nós. Parecia uma garotada legal, conversando e brincando, meio amalucada, mas não demais, se entende o que quero dizer. Gerry me perguntou se eu lamentava não ter tido filhos. Dá pra acreditar nisto? Meu marido, Gerry Kelly, me perguntou o que eu sentia. Então respondi que sim, lamentava mesmo. Gostaria de poder voltar atrás nessa decisão.

– E você? – perguntei a Gerry.

– Eu sinto muitos arrependimentos hoje – ele respondeu. – E não ter filhos é o maior. Não acreditava que pudesse ser bom pai. Ainda não acredito, mas gostaria de ter tentado.

Tinha as mãos entrelaçadas com tanta força na frente da testa que os músculos nos antebraços se salientavam, e em vez de olhar Emma, ou a mim, parecia fitar os desenhos no tapete.

– Você parece infeliz – comentei, declarando o óbvio.

– Sei que as coisas estão melhorando entre nós – ele respondeu, a voz era quase inaudível –, mas às vezes acordo no meio da noite com um sonho terrível. Sabe quem foi Raoul Wallenberg? Eu conheci a história dele pela família de Emma. Era um diplomata sueco que servia em Budapeste durante a Segunda Guerra Mundial. Quando a guerra terminou, os russos o prenderam, por achar que era espião americano. É provável que o tenham executado logo depois da guerra, mas durante anos circularam rumores de que fora avistado num ou outro campo de trabalho soviético. De qualquer modo, sempre me perguntei como ele teria se sentido se houvesse de fato vivido e sido libertado trinta, quarenta anos depois – continuou. – Teria desejado o pouco de vida que lhe restava? Teria suportado a dor de saber o tempo de vida que perdera?

Fez uma breve pausa e então, erguendo os olhos do tapete pela primeira vez desde que começara a falar, perguntou:

– Será que vamos extrair disso o suficiente para compensar o desperdício de todos esses anos?

Então foi a vez de Emma e eu passarmos a fitar o tapete. Após vários momentos de incômodo, ela quebrou o silêncio:

– Meus pais eram pessoas realmente baratinadas pelo que lhes aconteceu. Mas talvez, também graças ao que aconteceu, tinham alguma sabedoria. Meu pai dizia: "Faça apenas o que é certo". As coisas nem sempre dão certo, mas e se você tomar decisões com as quais pode viver, darão.

– Não estou saindo da cadeia sob fiança, Emma – respondeu Gerry, falando com surpreendente convicção. – Estou apenas dizendo como me sinto. – Então, olhando para a mulher com um sorriso irônico, acrescentou: – Mas vou lhe dizer uma coisinha. Um pouco mais de diversão ajudaria a aliviar a dor. E um pouco mais de sexo tampouco faria mal.

Emma também se viu ansiando por mais contato físico no relacionamento. Infelizmente, o sexo era, segundo descreveu, "uma enorme e cabeluda confusão para ela e o marido".

Sempre que ele se aproximava dela, Gerry lembrava-se de O'Malley, e, como observou à sua maneira sombria e irônica:

– Pensar que o padre que você amava quase o molestou e depois, em algum nível, se sentir magoado por ele não ter feito não é exatamente excitante.

Também Emma achava que o desejo sexual a lançava de volta às confusões do passado que herdara:

– A gente não pode querer de verdade alguma coisa, no fundo do coração, dentro do corpo, se não consegue sentir-se forte – disse. – Recentemente tenho me sentido mais a fim de fazer sexo, mas não é fácil para mim quando meu modelo de força são os nazistas que quase mataram meus pais enquanto assassinavam seis milhões de outros judeus.

Gerry e Emma precisavam pôr as partes de si mesmos, que antigos medos e dores haviam deformado, em verdadeiro e atual contato um com o outro. Precisavam ensinar um ao outro que vulnerabilidade e desejo podem levar a outra coisa além de traição e assassinato. O sexo seria um esplêndido meio de reescrever esses velhos roteiros, mas o relacionamento sexual do casal encontrava-se emaranhado nas questões que eles mais precisavam mudar.

Então tiveram alguma ajuda de uma velha amiga: televisão ruim.

Quase um ano depois do início de nosso trabalho juntos, entraram no consultório exibindo largos sorrisos. Depois de trocarem olhares tímidos e o que julguei talvez fossem até risinhos abafados, Emma começou:

– Pois bem, outra noite assistíamos ao programa The Amazing Race (A corrida milionária). Um de nossos casais preferidos... e espero a essa altura que nos conheça bem o bastante para saber que, quando digo "casais preferidos", estou sendo irônica... eles atuavam de forma mais detestável que de hábito. Na verdade, parecia que o cara ia começar a bater na namorada ali mesmo, em cadeia nacional. Então eu disse a Gerry, de brincadeira: "Por que não podemos brigar assim?" E, quando menos espero, estávamos rolando no piso da sala em plena luta.

Ela notou a surpresa em meu rosto.

– Temos de comunicar às autoridades? – ela perguntou, provocando.

– Depende – retribuí a provocação. – Algum de vocês corre perigo?

– Depende do que você entende por "perigo" – respondeu Gerry. – Terminamos fazendo amor. Não é preciso comunicar isso, é?

A luta dos dois tornou-se um ritual freqüente, que conduziu a um tipo de relacionamento sexual inteiramente novo. Às vezes apenas lutavam. Às vezes a "cavalgada", como passaram a chamar, levava ao sexo. E às vezes faziam amor sem a luta. Fosse qual fosse a mistura, esse contato físico seguro e brincalhão foi o resultado de uma profunda brincadeira: uma forma criativa de transformar a coercitiva dor dos respectivos passados em algo novo e curativo. E por meio disso Gerry conseguiu recuperar o senso de vitalidade que perdera desde a traição de O'Malley, e Emma encontrou um modo seguro de expressar o vigor que antes lhe parecia tão perigoso e assustador.

Próximo ao fim de uma das últimas sessões, agora quase dois anos depois de começarmos, Gerry e Emma interromperam a conversa de repente, parecendo tímidos um com o outro. Ela falou primeiro:

– Talvez, antes de pararmos, devamos contar a ele aquela coisa que nunca contamos.

– Claro – disse Gerry.

Parecia claro pela resposta que a idéia o deliciava.

– Não pretendíamos esconder de você – disse Emma. – Mas talvez nos sentíssemos um pouco esquisitos e, como nenhum dos dois trouxe isso à tona durante a sessão, logo depois que aconteceu, deixamos passar.

– Então o que foi que aconteceu? – perguntei impaciente, de brincadeira.

Emma tomou um gole de café, fazendo-me esperar um pouco mais de propósito. E continuou. – Certo, uma noite fazíamos nosso ritual de "Campeonato de luta decisiva"... tudo na vida tem uma referência da televisão, você sabe... e Gerry prendeu meus braços no chão. Comecei a ficar um pouco excitada. Mas ele também me prendia com mais força que de hábito, e começou a doer. De repente, fiquei furiosa mesmo. Gritei: "Me solte", e, quando ele soltou, eu dei um tapa em seu rosto com mais força do que podia.

Enrubesceu, talvez de vergonha, talvez das poderosas emoções que a história provocara. Após outro gole de café – talvez desta vez fosse mais como um trago –, continuou:

– Fiquei realmente assustada por um segundo, e acho que Gerry se espantou tanto quanto eu. Mas então nos entreolhamos e desatamos a rir. Pensei em meu pai indo para o pronto-socorro naquela vez em que ficou tão furioso conosco, e isso me fez rir com mais vontade ainda. Não de meu pai, é terrível ele ter ficado tão assustado, era mais como se risse por me sentir livre. Menos "legal", menos obstruída, por dentro. Livre.

Trabalho conjugal, brincadeira conjugal

No livro *Against love: a polemic (Contra o amor, uma polêmica)*, a autora e socióloga Laura Kipnis[8] propõe uma espirituosa visão do amor e casamento modernos. Entre outras idéias, afirma que:

- O trabalho exigido para fazer um relacionamento durar nos arrasta por um escoadouro de labuta adentro que sufoca o espírito.

- Tudo que se segue àquelas empolgantes fases iniciais de desejo compromete nossa liberdade e auto-expressão.

- A fidelidade envolve o sacrifício da sexualidade e do desejo de alguém pela complacente segurança da domesticidade.

À primeira vista, o tratado de Laura Kipnis parece sedutoramente radical, um convite – um desafio, na verdade – a rejeitar a séria instituição de casamento por um estilo de vida alternativo que permita uma expressão mais plena do eu. Mas é correto esse raciocínio? Não seria muito radical?

Para início de conversa, não há a menor dúvida de que os relacionamentos exigem trabalho, sim. Introspecção, aceitação de responsabilidade, conversa aberta e franca, respeito, além de evitar culpa, desabono e racionalização – tudo isso e mais exigem trabalho árduo. Mas desde quando é esse tipo de trabalho humilhante para o espírito humano? Manter-se fiel aos compromissos mesmo diante de conflito, perda e vulnerabilidade não precisa ser labuta que sufoca o espírito, pode ser o trabalho de uma vida bem vivida.

Agora avancemos um passo.

Na sociedade atual, na qual o egoísmo e o foco voltados para si mesmo se tornaram a convenção, trocar compromisso mútuo por satisfação individual mal chega a ser uma idéia radical. Hoje, em conseqüência, correr o risco de nos permitir mudar por um compromisso de longo prazo é a verdadeira opção radical.

Mas nenhuma mudança pode acontecer sem brincadeira.

Quando envolvemos um ao outro de forma verdadeira e divertida, tocamos com carinho, generosidade e compaixão aqueles pontos que foram mais machucados e, portanto, mais fechados ao crescimento. Colocamos os medos mais profundos em criativo contato mútuo. De uma forma ao mesmo tempo real e não real, que, mais uma vez, inclua o passado e o presente, a brincadeira convida ao momento atual aspectos de nossas histórias que parecem imutáveis e, desse modo, estimula partes de nós mesmos que se tornaram amortecidas e pesadas demais para carregar, além de nos ensinar a conviver com as dores que se tornaram com demasiada freqüência grandes demais para suportar.

Sem brincadeira, todo esse árduo trabalho seria apenas isto – trabalho árduo. Os relacionamentos poderiam ser melhores, mas chegariam apenas a uma fração de seu potencial.

Quando, porém, o trabalho do bom relacionamento serve como uma camada de base, e acrescentamos a essa camada de base a presença catalisadora, transformadora, da brincadeira, a intimidade prolongada pode tornar-se um exercício de alto risco e alta recompensa na mudança e no crescimento. E continuar junto, de forma muito irônica, torna-se a verdadeira opção radical.

Então quais são algumas diretrizes específicas que podem nos ajudar a radicalizar o casamento e a brincar de forma que nos permita mudar um ao outro?

- **Coloque o obstáculo mais alto.** Não apenas peça ao relacionamento que seja melhor, peça-o para mudar você.

- **Livre-se de convenção, embaraço e inibição, que reprimem o bom humor.** Tente lembrar como era ser criança e a liberdade que você devia sentir ao brincar então.

- **Encontre aquele eu brincalhão que talvez tenha se perdido no casamento.** O humor desapareceu do relacionamento? Tente lembrar o que vocês em outros tempos achavam engraçado em companhia um do outro. Não se leve a sério demais.

- **Institua jogos e rituais.** A brincadeira às vezes precisa de um contexto e pode surgir espontaneamente tão logo se tenha um.

- **Fale de suas interações mais loucas e mais dolorosas.** Concentre-se nas mais repetitivas. Depois encontre os temas. Mais que provável, há um repetitivo roteiro nessas interações que reflete o dilema íntimo para cada um de vocês. Não julgue o outro por esses roteiros; lembre: somos todos baratinados de uma ou de outra maneira. Em vez disso, encontre alguma leveza e humor.

- **Não deseje um passado diferente.** Brinquem juntos de uma forma que possa mudar o relacionamento até esse passado.

E para aquele que tentam ativamente conseguir que o parceiro se revele e brinque:

- **Lembre que não programamos a brincadeira.** Não combinamos as regras de antemão. Grande parte da brincadeira acontece em seus próprios termos, e nosso único controle de fato está no fato de saber se vamos deixar que ela se desenrole ou não. Esforçe-se na abertura de espaço para o companheiro brincar.

- **Descubra formas leves de provocar o parceiro.**

- **Procurar o embaraço e a vergonha do companheiro, e tentar opor-se a isso.** Lembre a ele ou ela que somos todos atrapalhados. ("Isso não tem nada de mais, sério... somos todos humanos.")

- **Por fim, deboche de si mesmo.** Mais uma vez, dando o exemplo.

A vida nos tira demasiadas coisas que antes tínhamos como certas. É nosso trabalho, ao envelhecermos, não sentir que o tempo está levando tudo embora. Brincar juntos pode tornar esse trabalho muito mais divertido.

"Seja gentil, Xena."

– Você é quem manda, Christina.

Ela estava lhe dando a lista de coisas que precisava para o jantar da festa à noite – flores, comida e vinho – e fazendo-o daquele jeito competente tipo "Faça logo, e sem conversa fiada". Em geral, ele não se incomodava com esse jeito, mas nessa manhã acordara sentindo-se abominável, e quando se sentia abominável a dureza dela não o deixava com muita abertura. Por isso, desprendeu-se um pouco demais da irritação do "Você é quem manda, Christina".

Ela percebera a irritação.

– Me dá um tempo, Justin. Apenas faça – respondeu, enfrentando a raiva dele, e então a intensificou.

"Respire", pensou, mais zombando de si mesma. (Todo esse negócio de cuidado e atenção parecia-lhe muito batido.) Por mais que respirasse, porém, não conseguia dissolver a raiva na barriga. Detestava quando sua competência o irritava, ainda mais quando o fazia agir como criança. A infantilidade dele a levava de volta à garota-filhote de hipopótamo de menos de um metro e sessenta de altura e sessenta quilos que se sentia quando tinha quinze anos. Isso fora quando a depressão do pai atingira força total, e ela cuidara dele e da mãe sucumbida, amadurecendo às pressas e não deixando que suas necessidades infantis se somassem aos fardos da família.

Olhou as mãos. Eram a única parte do corpo que ainda parecia pequena quando ela se sentia grande demais. Olhar as mãos ajudava-a mais que a respiração.

Ele não sabia como responder ao "apenas faça" dela. Sabia que era má idéia transmitir a sensação de mágoa: ainda lembrava como fora atormentado quando se queixara de que ela se referia aos dois filhos do casal como "seus" e não "deles", e dissera-lhe que talvez se sentisse diferente se não tivesse três crianças para cuidar. Ganhando tempo, foi procurar uma caneta e um pedaço de papel.

– Repita para mim, vou fazer uma lista.

Teve o cuidado de retirar os sentimentos da voz.

Como a esposa, o problema de Justin para manter-se na dimensão real remontava ao passado, quando a vida do pai desmoronara. Após uma série de fracassos financeiros do marido, a mãe assumira o controle da casa, criando a ilusão de ordem. "Não incomode seu pai, ele está trabalhando", era o refrão dela. "Trabalhando", todos sabiam, significava o pai trancado no escritório, lendo de forma obsessiva as páginas financeiras, lamentando o infortúnio e gemendo sobre todos os "canalhas idiotas" que sabia terem avançado muito além. Mas não era a perda do pai que o deixara sentindo-se um menino desamparado; para início de conversa, nunca recebera muita coisa do velho. Era a perda da mãe, que substituíra a generosidade por uma furiosa competência.

– Manteiga, peixe... qualquer um que pareça bom... limão, talvez algumas verduras. Vou fazer uma coisa simples.

Christina também ganhava tempo. Percebeu que Justin tentava, e isso fez o que a respiração não conseguiu – amenizou a raiva. O que a levou a desviar-se do caminho da briga.

– Muitíssimo obrigada por fazer as compras, querido – disse, amorosa, com especial ênfase no "querido". – Sei que é um homem ocupado e importante.

Essas palavras, proferidas mesmo com a mínima insinuação de escárnio, o teriam enfurecido. Mas o tom desprendia apenas brincadeira. Assim como o sorriso endiabrado. Até a referência à importância pareceu um pouco séria. "Uma pílula torna a gente maior"; a provocação da mulher funcionou como uma poção, devolvendo-o ao tamanho adulto. Desse ponto, de sentir-se melhor, conseguiu encontrar a fala.

– Seja gentil, Xena.

Xena – isso disparou uma explosão do passado. Antes de os filhos nascerem, quando os dois desfrutavam a inimaginável satisfação de ficar em casa nas noites de sexta-feira, sem nada a fazer, assistir ao seriado Xena, a princesa guerreira fora um passatempo preferido. O programa gerara uma rotina de encenação, que lhes dera uma saída dessa competição de altura e medir forças, cujo resultado era sempre zero [o ganho é compensado por uma perda igual] que às vezes parecia dominar o relacionamento. Dera a Justin um ponto de apoio para distinguir a solidez de Christina e a furiosa competência da mãe dele. E dera a Christina um meio de sentir-se forte sem se sentir grande demais (a princesa guerreira era, afinal, também princesa e, além disso, como os dois muitas vezes observavam, tinha um senhor guarda-roupa).

– E flores também – ela acrescentou, ignorando a referência dele de propósito, embora ambos soubessem que isso ajudara. – Não aquelas de talos imensos que você em geral compra, as que deixam a gente olhar um ao outro na mesa. Qualquer coisa um pouco mais delicada.

CONCLUSÃO

Tornar-se pleno juntos: "Eu existo porque nós existimos"

Josh e Maria Rhigetti sentaram nas cadeiras e olharam meio sem graça um para o outro, e depois para mim.

– Então, por onde começamos? – perguntou Maria.

– Por onde parecer mais importante – respondi.

Após uma pausa nervosa, Josh, um homem corpulento na casa dos 45, vestindo terno caro e muito amarrotado para ser considerado elegante, começou.

– Que tal expormos o pior um ao outro? – perguntou, com irritada intensidade.

Eu não soube se ele pretendia falar de forma construtiva sobre um problema que desejava resolver ou se apenas queria culpar Maria por sentir-se tão mal.

Ela, mulher elegante vestida na última moda, e cuja magreza parecia mais cansada que saudável, achou que sabia o que o marido queria dizer.

– Ele parece razoável – disse, visivelmente irritada. – Você deve imaginar que ele se refere a algo no qual os dois precisamos trabalhar. Mas o que quer dizer mesmo é que sou impossível, e ele está preso a mim.

– Deus do céu, Maria – respondeu Josh, a raiva agora se elevando acima da transmitida pela mulher. – Não posso dizer nada sem que você aja como se eu a estivesse espancando.

– Coitado do santo Josh – ela respondeu, com desdém. – Ter de agüentar a patética megera que é a esposa...

– É isso o que acontece entre vocês, pessoal? – interrompi.

Fiquei meio surpreso pela rapidez com que tudo se inflamou, e minha voz refletiu essa surpresa.

– Lamento – respondeu Maria, claramente sem graça. – É isso o que acontece quando tentamos falar do nosso relacionamento. O que Josh disse sobre "expormos o pior um ao outro" é verdade. Não somos assim com ninguém mais. Será que isso significa que não devemos continuar juntos?

Partes em busca de um todo[1]

Muitas vezes nos estágios iniciais de trabalho com um casal, tenho ouvido as palavras: "Não sou assim com mais ninguém". Aprendi a ser céptico em relação a essas proclamações. Ou talvez deva dizer que aprendi a ser céptico em relação ao que de fato significam: que alguém foi levado pelo companheiro a agir de forma completamente estranha ao próprio eu. Claro, nosso pior eu muitas vezes vem daqueles que amamos, mas raras vezes é verdade que a responsabilidade seja apenas deles. Os casamentos expõem nosso melhor eu, nosso pior eu, além de expor todas as partes do nosso eu, incluindo e sobretudo as que há muito enterramos.

Desse modo, a intimidade de longo prazo permite-nos uma visão rara de um surpreendente aspecto da natureza humana: somos menos constantes que nos imaginamos ser. De certo modo, nosso eu é como os filmes; compõem-se de múltiplos fotogramas imóveis que costuramos mentalmente uns aos outros, tornando-nos mais unificados do que de fato somos. Em geral, essa multiplicidade encoberta parece irrefletida, embora as fissuras no eu resultantes da dor e do trauma possam ser profundas.

O poeta polonês Wislawa Szymborska descreve com eloqüência o que pode acontecer quando estamos sob extrema pressão:

Em perigo, o pepino-do-mar divide-se em dois,
abandona um dos eus ao mundo faminto
e com o outro eu foge.

de "Autonomia", Wislawa Szymborska [2, 3]

Como ocorre com o pepino-do-mar, essa divisão (termo clínico, "dissociação") é a princípio propícia à adaptação dos seres humanos. Mas também tem um lado negativo. No pior aspecto, nossa capacidade de dissociação nos permite fazer coisas terríveis um ao outro. Pense em racismo e sexismo. Nessa versão atual de uma espécie de "queima de bruxas na fogueira", repudiamos os aspectos de nós mesmos que tememos, banimos os dos outros que diferem de nós, além de denegrirmos e atacarmos esses outros, muitas vezes justificando tais ações como a serviço de Deus, da nação e outros veículos conhecidos pelo nosso sentimento de superioridade moral.

E, claro, podemos encontrar exemplos de dissociação muito mais benignos na vida cotidiana. Com que grande freqüência fazemos e dizemos coisas que não acreditamos tê-las feito ou dito? (Foi meu gêmeo do mal?) E quantas brigas, críticas injustificáveis e falta de tolerância, generosidade e decência se relacionam com a dificuldade de aceitarmos aspectos dolorosos de nosso próprio eu?

As histórias que enchem estas páginas são repletas de exemplos de como abraçar todo o eu pode capacitar-nos a viver vidas melhores.

Quando Michael Smithson voltou a relacionar-se com a insegurança que sentia na juventude, pôde parar de rebaixar Susan, e quando Susan se abriu para a raiva e decepção que sentia pelo pai, pôde conhecer Michael com mais precisão.

Quando Noah Rosenbaum se lembrou e lamentou a perda da mãe, deixou de comparar a esposa a uma versão de feminilidade incrivelmente idealizada, e quando Devon se abriu ao sentimento de ser traída pelo pai, começou a confiar em Noah.

Aceitando suas famílias trabalhadoras da classe operária, Peter e Stephanie Silva encontraram a motivação para mudar a vida de adolescentes desprivilegiados.

E abrindo-se aos passados traumáticos, Gerry e Emma Kelly encontraram a jovialidade bem-humorada de que precisavam para viver em maior plenitude.

Esses casais fizeram uma coisa da qual todos podemos beneficiar-nos, levando-nos a construir pontes entre diferentes elementos da consciência, ligar-nos a partes de nós mesmos que foram machucadas e atemorizadas, e uniram de forma mais completa e sólida o nosso eu.

Estabelecer um discurso mais fluido e aberto entre os aspectos discrepantes de nossa experiência é um esforço de uma vida inteira, que talvez jamais chegue a ser realizado por completo. Mas que também vale a pena. Abrindo-nos a todos os aspectos de nós mesmos, podemos ser honestos em relação ao nosso ódio e intolerância, aos medos e vulnerabilidades que provocam esses sentimentos, e usar essa honestidade e abertura para mantermo-nos num padrão moral mais alto. Podemos, em suma, levar nosso eu inteiro a suportar os muitos desafios da vida.

Josh fora criado com um pai violento e, no esforço para ser diferente, empenhara-se na generosidade. Cruel era a última coisa que imaginava ser com Maria – na verdade, via-se como vítima de um longo sofrimento. Mas, apesar dos melhores esforços, era filho do pai, e o sadismo emergiu no casamento.

Ele não estava sozinho. Embora Maria também se considerasse vítima no relacionamento, também sabia ser cruel. O pai, que favorecera os dois filhos homens, depreciara-a, chegando até a pagar estudo em faculdade particular aos meninos, enquanto insistia em que a filha freqüentasse uma escola pública. Como muitas vezes ocorre, a raiva pelo marido assumiu a mesma forma que pelo pai. Ela denegria e humilhava Josh, fazendo-o sentir-se insignificante do mesmo modo que o pai fizera.

Josh e Maria de fato, como disseram, "não eram assim com mais ninguém", e em conseqüência sentiram-se muito transtornados ao perceber como podiam ofender um ao outro (é uma aflição extrema compreender que a gente não é de fato quem imagina ser; mais ainda compreender que pode ser a mesma pessoa que passou a vida toda tentando não ser). Mas aceitar esses perturbadores aspectos de si mesmos, até aceitar que incitavam um ao outro num esforço para arrancar o pior eu um do outro, revelou-se uma poderosa transformação. Por fim, a vontade de Josh e Maria de assumir os próprios rancor e crueldade que repudiavam permitiu-lhes governar-se com mais consideração e assim trazer de volta a generosidade e o respeito ao casamento.

– Eu me detestava pela maneira como então agia – disse Maria, cerca de um ano e meio depois de havermos começado a trabalhar. – Não que Josh não viesse desempenhando a parte dele... vinha, e me ajudou muito a disposição de admitir isso... mas, no fundo, quem de fato eu não suportava era a mim mesma. Virou um círculo vicioso. Eu o tratava de uma forma terrível e me detestava por esse comportamento na época; quanto mais me detestava, mais o culpava, e, quanto mais o culpava, mais me detestava.

– É estranho – continuou Maria, tornando-se muito pensativa. – Às vezes temos em nós coisas que não podemos admitir de modo algum, como se fosse a pior coisa do mundo admitir que sejam verdades. E então, quando acabamos por admitir, constatamos um grande alívio. Tipo "tudo bem, posso parar de tentar enganar todo mundo. Posso até parar de enganar a mim mesma. Acho que sou apenas um ser humano normal, afinal".

OITO RISCOS ÍNTIMOS E UMA RESPOSTA RADICAL

Meu trabalho com Josh e Maria os ajudou a melhorar o relacionamento. O relacionamento, por sua vez, melhorou-os. Eis a mensagem final essencial deste livro. Quando se trata de casamento:

- Somos as pessoas mais importantes um para o outro.

- Acompanhamos um ao outro durante toda a inexorável passagem do tempo.

- Tendemos a conhecer um ao outro com mais intimidade que conhecemos qualquer outra pessoa e, por sua vez, também a ser conhecidos.

Desse modo, os relacionamentos íntimos de longo prazo podem:

- Impelir-nos a sair de conhecidas áreas de conforto.

- Ensinar-nos a aceitar e aprender com as realidades que podemos controlar.

- Ajudar-nos no sentido de nos tornarmos pessoas mais plenas e completas

As oito resoluções esboçadas nestas páginas destinam-se a nos guiar.

As primeiras quatro, "necessidades partilhadas", deitam a base para manter o relacionamento vital e vivo nos vários conflitos, inúmeras dificuldades e nas muitas mudanças da intimidade de longa duração:

- **Adotar uma visão duradoura do amor.** Quando aprendemos a amar um ao outro em todas as estações da vida, aprendemos que o tempo pode ser construtivo, além de destrutivo, e que o envelhecimento pode nos trazer possibilidades cada vez maiores, não menores.

- **Comemorar as diferenças.** Quando aprendemos a apreciar um ao outro como seres independentes, ao contrário de ver um ao outro como extensões de nossos desejos e necessidades, abrimo-nos para o tipo de experiência nova que nos mantém vitais e crescendo, mesmo quando envelhecemos.

- **Fazer sexo de verdade.** Quando aprendemos o valor de viver em nosso corpo com o passar do tempo, repudiamos a sexualidade virtual, uniforme como Teflon, que nos cerca e, em vez disso, apreciamos as recompensas viscerais e mais duradouras da condição física autêntica.

- **Encontrar a liberdade pelo compromisso.** Quando nos dispomos a descontrair, relaxar e soltar-se um com o outro durante muitos anos, encontramos o tipo da liberdade que vem de saber e aceitar o eu inteiro.

Essas outras quatro resoluções nos ajudam a criar espaços seguros, partilhados, nos quais possamos correr o risco de ser autênticos e vulneráveis um com o outro na mente, no eu e no corpo. No processo, elas também nos ensinam lições cruciais da vida, que em muitos aspectos se organizam em torno do princípio fundamental da sabedoria da meia-idade: não encontramos propósito e sentido apesar das realidades que delimitam a vida, encontramos propósito e sentido por causa delas.

As outras quatro resoluções ("escolhas partilhadas") vão além da meta de criar e preservar um relacionamento duradouro, enfatizando a forma pela qual correr risco íntimo e partilhado pode catalisar o crescimento pessoal:

- **Acreditar em algo mais importante que vocês mesmos.** Quando acreditamos em coisas mais importantes que nós mesmos, aprendemos humildade; valorizamos pessoas, princípios e idéias independentes, e desse modo permitimos que a própria vida realmente importe.

- **Abandonar hábitos e vícios.** Quando nos livramos de comportamentos autolimitadores e autoprotetores, obrigamo-nos a sair das conhecidas áreas de segurança e nos expomos ao tipo de experiência que leva à mudança e ao crescimento.

- **Perdoar e agradecer.** Quando abrimos mão da crença de que temos direito a vidas perfeitas e indolores, apreciamos nossa falibilidade e, com isso, nossa humanidade mais profunda.

- **Brincar.** Quando colocamos as partes há muito perdidas de nós mesmos em contato novo e transformador com os parceiros atuais, damos um importante passo na jornada infindável de tornar-nos mais inteiros.

Estas últimas quatro resoluções nos proporcionam um contexto no qual é possível encorajarmos e até desafiarmos um ao outro para vivermos melhor e mais inteiramente.

Tomadas em conjunto, elas nos oferecem uma resposta enfaticamente positiva, e hoje radical, à pergunta "por que continuar junto?" Porque a chave para viver de forma plena e criativa ao envelhecer é o crescimento constante, e as possibilidades que mais promovem o crescimento imagináveis podem ser encontradas nas profundezas inexploradas dos relacionamentos íntimos de longo prazo.

Ubuntu:[4] "Sou porque somos"

No âmago dessas oito resoluções, e da abrangente premissa de que os relacionamentos íntimos podem nos ajudar a tornar-nos o melhor eu, está um princípio humano fundamental: não somos seres por nós mesmos; ao contrário, somos quem somos por meio de nossos relacionamentos. Esse princípio é apreendido por uma esplêndida palavra sul-africana – "ubuntu". Traduzida de forma livre, ubuntu significa: "Sou porque somos".

Não surpreende que tenhamos de procurar além da tradicional língua ocidental para encontrar uma palavra que signifique essa profunda sensação de interligação humana. Enquanto a cultura oriental há muito tem enfatizado nosso lugar na ordem maior das coisas, a ocidental, em termos relativos, enfatiza o indivíduo. Não se trata de um fenômeno recente. Como observa Daniel Robinson, da Universidade Georgetown, os antigos gregos foram as primeiras pessoas que na verdade consideraram "as mais profundas convicções e os mais profundos sentimentos como temas de avaliação e estudo cruciais". Robinson cita a famosa inscrição no templo em Delfos: "Conheça-te a ti mesmo[5]".

Infelizmente, a antiga disposição positiva a refletirmos em nosso eu agora se transformou numa problemática mentalidade de "primeiro eu". Infelizmente porque culturas narcisistas como a nossa caracterizam-se por um problemático paradoxo: quanto maior a ênfase concentrada no individual, menor a probabilidade de os indivíduos que nela vivem terem um eu saudável e sólido.

Mas eis onde os relacionamentos de longo prazo nos oferecem um poderoso antídoto.

Ubuntu – "Sou porque somos."

Como a longa intimidade nos faz descobrir partes de nós mesmos há muito tempo escondidas, os relacionamentos servem como foros nos quais podemos reconhecer, em vez de negar, nossa autenticidade e nossa falibilidade.

Como continuamos a amar e tocar um ao outro ao envelhecermos, o relacionamento nos permite continuar sendo emocional e fisicamente vivos, mesmo com o envelhecimento gradual do corpo e com o aumento das perdas, concessões e decepções.

E como quando mudamos e crescemos fazemos um ao outro mudar e crescer, os relacionamentos nos ajudam a alcançar a renegociação do eu necessária, se quisermos viver a vida com graça, propósito e autenticidade.

No fim das contas, a mensagem deste livro é de fato muito simples: apenas fazermos os relacionamentos durarem não é bom o suficiente. Os relacionamentos podem nos mudar, devem nos mudar e nos mudarão para o melhor – se nos dispusermos a correr o risco.

O telefonema para casa

– Tem dormido direito? Tem dado conta do trabalho?

Zack percebeu pelas palavras e voz da esposa que ela falava com o filho deles. Eliza não ficava preocupada assim quando a filha ligava. Cheryl jamais precisou que a lembrassem nem a incitassem, mas Sam, agora o maior de todos na família, e que passara o último verão navegando pela Europa com uma mochila, ainda gerava preocupação maternal em Eliza.

Após alguns minutos, passou o telefone para o marido. Zack adorava ouvir a voz de Sam; ainda o impressionava a profundidade que ela adquirira, assim como o poder de reflexão e a perspectiva que haviam desabrochado no rapaz nos últimos anos. Mas a conversa jamais parecia fluir com a mesma facilidade da mãe. Essa noite o filho ligara para os pais, e essas raras ocasiões em que isso acontecia (eram eles quase sempre que tinham de ligar para Sam se desejavam falar com o filho) tendiam a transmitir uma leve sensação de que o rapaz precisava de alguma coisa que não sabia bem como dizer. A mãe parecia achar mais fácil negociar esse cenário de necessidade vaga e insegura, enquanto ouvia Zack dizendo:

— Não quero prender você... — muito antes do que de fato pretendia.

— Nosso menino parece muito bem — disse Eliza, ao ouvi-lo pôr devagar o telefone de volta na base.

Zack notou o "nosso." Quando os filhos eram pequenos, ela muitas vezes se referia a eles como "meus" filhos. Sempre negava que isso significava alguma coisa, apenas "uma força de expressão", dizia, mas Zack sabia que era mais que isso. Anos depois, quando aprenderam a ser mais francos em relação a tudo, ela admitiu que de fato os meninos pareciam mais filhos dela que deles. Afinal, era ela quem estava a par de seus amigos, compromissos e preocupações. Zack não os amava menos, apenas se envolvia menos em suas vidas cotidianas. Por isso, mesmo agora, quando precisavam de alguma coisa, ele sentia um toque daquela antiga sensação de estar olhando do lado de fora.

— Parece bem mesmo. Mas receio que esteja trabalhando demais.

Eliza sorriu. Tudo mudara muito desde a época em que Zack, trabalhando demais, queixava-se de que os filhos não sabiam o valor do trabalho árduo. Nessa época, a função dela fora a de fazê-lo diminuir a pressão neles, tranqüilizá-lo de que eram apenas meninos e iam ficar bem.

Findo o telefonema, eles se entreolharam hesitantes. Durante vinte anos a sensação de propósito partilhada facilitara encontrar a conversa seguinte; sempre tinha a reunião dos pais na escola, os filhos para levar a algum lugar de carro, o jogo a comparecer. Mas hoje, com os dois ausentes cursando a faculdade – primeiro Cheryl e agora Sam –, a casa parecia diferente. Não exatamente um "ninho vazio", mais desorientador que vazio. Tinham de reencontrar o caminho de volta e ser mais uma vez apenas os dois, de volta ao início, e no entanto não era bem o início. Tampouco era uma situação ruim, chegava a ser até excitante, mas não era fácil.

– O que você está a fim de fazer neste fim de semana? – perguntou Zack.

Onde antes o ritual era "O que temos de fazer neste fim de semana?", agora mudara para "O que você está a fim de fazer neste fim de semana"?

– Tem um filme passando no Coolidge que eu queria ver. Um daqueles filmes estrangeiros, você sabe, sobre relacionamentos e esse tipo de coisa. Não é bem a sua praia, mas pelo menos tem algum sexo.

Zack sorriu da velha brincadeira.

– Escute, eu me interesso por relacionamentos atualmente – disse. – Sobretudo os com sexo.

Mais tarde nessa noite, depois de terem ido para cama, Eliza rolou para cima do peito de Zack. Sentia saudade de como ele era – os músculos haviam se suavizado agora –, mas encontrava alguma coisa confortável nessa suavidade. O corpo parecia mais igual ao dela, o que a fazia achar mais fácil envolver-se nele. Também ajudava o fato de agora poder deitar-se no marido sem que ele quisesse fazer amor logo de cara.

Zack pensava no telefonema de Sam. O filho parecia ótimo. Sentia Eliza no filho – admirava a objetividade da esposa, embora isso de fato o irritasse quando dirigida a ele, e Sam parecia estar adquirindo essa mesma clareza "nada de papo furado". Mas também era um pouco romântico, como o pai, e apesar disso não ter funcionado tão bem a seu favor com as meninas no ensino médio, onde a indiferença ansiosa parecia a carta da vez, a impressão que tivera das últimas indiretas de Sam era que ele vinha tendo mais sucesso na faculdade. E depois, claro, o filho se tornava um homem independente. Não Eliza, nem Zack, e tampouco uma combinação dos dois. Mais um conjunto de partes que se tornara o próprio e surpreendente todo. Como o relacionamento deles.

Quinze anos atrás discutiram sobre a direção que as respectivas vidas tomariam. Desde como criar os filhos a onde morar, onde jantar, eram dois seres individuais lutando para encontrar a forma que iam esculpir a única pedra da condição de estar juntos. Mas então, de algum modo, a luta terminara, e a pedra encontrara forma própria. E assim, ali deitados na cama, sentiam-se um pouco tristes, um pouco assustados e também um pouco ávidos, contemplando juntos um futuro de surpreendente incerteza.

NOTAS

INTRODUÇÃO. Crescer juntos: desafios e relacionamentos da meia-idade

1. Rhonda Byrne, *The secret* (Nova York: Atria Books, 2006).

2. Steve Pavlina, "Intenção" (http://www.stevepavlina.com/blog/2005/10/cause-effect-vs-intention-manifestation)/. Pavlina escreve: "Depois de eu declarar minha intenção, espero a chegada dos recursos e sincronizações. Em geral, começam a manifestar-se em 24-48 horas, às vezes antes".

CAPÍTULO 1. Adotar uma visão duradoura do amor

1. Jeffrey Eugenides, *Middlesex, a novel* (Nova York: Picador, 2003).

2. Helen Fischer, *Why we love: the nature and chemistry of romantic love* (Nova York: Henry Holt, 2004).

3. J. N. Edwards e A. Booth, "Sexuality, marriage, and well-being: the middle years", em *Sexuality across the life course*, editado por Alice S. Rossi (Chicago: University of Chicago Press, 1999).

4. Paul Ehrlich escreve: "Os genes e ambientes são fundamentalmente ligados e interagem de forma complexa – uma coisa que precisamos sempre ter em mente quando necessário, mas artificialmente as separamos para fins de análise e discussão." Paul Ehrlich, *Human natures: genes, culture and the human prospect* (Nova York: Penguin Putnam, 2002).

5. S. Van Goozen, V. M. Wiegant, E. Endert, F. A. Helmond e N. E. Van de Poll, "Psychoendocrinological assessment of the menstrual cycle: the relationship between hormones, sexuality, and mood", *Archives of sexual behavior* 26, nº4 (1997): 359-382.

6. D. Marazziti e D. Canale, "Hormonal changes when falling in love", *Psychoneuroendocrinology* 29 (2004): 931-936.

7. M. Beauregard, J. Levesque e P. Bourgouin, "Neural correlates of conscious self-regulation and emotion", *Journal of neuroscience* 21, nº18 (2001): RC165.

8. Helen Fischer coteja os estudos de imagens por ressonância magnética (MRI) de indivíduos apaixonados feitos pelo seu grupo com: "Brain activation and sexual arousal in healthy, heterosexual males", de B. A. Arnow, J. E. Desmond, L. L. Banner, G. H. Glover, A. Solomon, M. L. Polan, T. F. Lue e S. W. Atlas, em *Brain* 125 (2002): 1014-1023.

9. Helen Fischer, op. cit.

10. D. Marazziti, H. S. Akiskal, A. Rossi, e G. B. Cassano, "Alteration of the platelet serotonin transporter in romantic love", *Psychological medicine* 29 (1999): 741-745. Também Laurie Barclay, "Love is all in your head – or is it in your genes?", *WebMD Medical News*, 14 de fev. 2001.

11. A. Bartels e S. Zeki, "The neural basis of romantic love", NeuroReport 2, nº17 (2000): 12-15; e T. Esch e G. Stefano, "The neurobiology of love", *Neuroendocrinology letters* 26, nº3 (2005).

12. Esch e Stefano escrevem: "as regiões comumente ativadas no amor, como conhecidas até agora, são fortemente envolvidas na fisiologia de recompensa, comparáveis a uma intensa aplicação de drogas indutoras de euforia, como cocaína". T. Esch e G. Stefano, "The neurobiology of love".

13. Por sorte, esta visão talvez seja mais caricatural que ver-

dadeira. Talvez um dos motivos da força caricatural seja o fato de a maioria dessas teorias se basear em casais em terapia, não em estudos naturalistas de casais. Na verdade, num desses estudos naturalistas, o psicólogo Stuart Andrews, de Boston, descobriu que o paradigma aceito de amor romântico seguido por dolorosa desilusão era muito menos dominante que a maioria de nós imagina.

14. Como afirma a bióloga Sue Carter: "O amor pode ser definido como um grupo dos processos, experiências e comportamentos que promovem e mantêm laços sociais". C. Sue Carter, "Bonding, benevolence and health", em *The science of altruism and health*, editado por Stephen G. Post (Londres: Oxford University Press, 2006).

15. Bartels, A. e S. Zeki, "The neural basis of romantic love". 2000, em Helen Fischer, op. cit.

16. O cérebro de voluntários no estudo de Bartels e Zeki "mostrou intensificada atividade na área do núcleo caudal e do tegmental ventral, dois dos principais centros de recompensa cerebrais". Em Helen Fischer, op. cit.

17. Neste parágrafo os dados sobre testosterona foram tirados de: James McBride Dabbs, *Heroes, rogues and lovers: testosterone and behavior*, (Nova York: McGraw-Hill, 2001); A. Booth e J. M. Dabbs "Testosterone and men's marriages", *Social forces* 72, n⁰2 (1993): 463-477; e S. J. Berg e K. E. Wynne-Edwards, "Changes in testosterone, cortisol, and estradiol levels in men becoming fathers", *Mayo clinic proceedings* 76, n⁰6 (2001): 586-592.

18. Nosso entendimento do papel da oxitocina e vasopressina começa num lugar improvável – na pesquisa de um

pequeno roedor do Meio-Oeste americano chamado arganaz-do-mato [*Microtus ochrogaster*]. Esses roedores são interessantes para nós porque, em contraste com cerca de 97% dos mamíferos, são monógamos. Thomas Insel e Larry Young, neurocientistas da Universidade Emory, descobriram que, logo após o acasalamento, os arganazes-do-mato, em contraste com seus primos próximos não monógamos, os arganazes montanheses, liberam oxitocina e vasopressina (oxitocina nas fêmeas, vasopressina nos machos) no cérebro. Essas substâncias químicas geram uma agradável sensação de bem-estar, e essa sensação de bem-estar, por sua vez, cria uma associação positiva com o recente parceiro sexual do camundongo. Monogamia facilitada! T. Insel e L. J. Young, "The neurobiology of attachment", *Nature reviews neuroscience* 2 (2001): 129-136, e T. R. Insel, Z. Wang e C. Ferris, "Patterns of brain vasopressin receptor distribution associated with social organization in microtine rodents", *Behavioral neuroscience* 14 (1994): 5381-5392.

19. Isso, junto com a dopamina e norepinefrina, que parecem relacionar-se à atração, explica o sistema tripartido heuristicamente útil de Helen Fischer para o amor com o passar do tempo: desejo sexual, atração e afeto.

20. Louis Cozolino observa que as interações entre mães e filhos pequenos levam a uma "cascata bioquímica" de oxitocina, prolactina, endorfinas e dopamina. Essas substâncias neuroquímicas estimulam a maturação do cérebro, o crescimento de redes neurais e provocam sentimentos prazerosos, levando ao desejo de mais contato. Louis Cozolino, *The neuroscience of psychotherapy: building and rebuilding the human Brain* (Nova York: W. W. Norton, 2002).

21. P. Zak, "Trust: a temporary human attachment facilitated by oxytocin", *Behavioral and brain sciences* 28, nº3 (2005): 368-369.

22. Esch e Stefano referem-se ao relacionamento entre ligação sentimental e a liberação de oxitocina e vasopressina após o intercurso sexual. T. Esch e G. Stefano, "The neurobiology of love".

23. Segundo Susan Carter, da Universidade de Chicago: "A oxitocina é um hormônio associado à confiança e segurança emocional. Reduz os hormônios do estresse e estimula o comportamento social positivo. Isso, por sua vez, realimenta-se e abre caminho para mais confraternização". C. Mims, "Addicted to love," Em *Zoo Goer* 33, nº3 (2004).

24. Pesquisa recente sugere que Jon Bowlby tinha razão: a ligação sentimental é em si uma necessidade humana básica. A consagrada visão freudiana – de que a ligação sentimental é um fenômeno secundário resultante da necessidade de saciarmos os instintos primários de sexo, fome e assim por diante é muito incorreta. Em termos biológicos, a ligação sentimental de longo prazo é uma peça do quebra-cabeça do amor tão importante quanto o instinto sexual. Claro que isso faz sentido. Afinal, embora tenhamos de nos acasalar para sobreviver, também temos de criar nossa prole, e, como seres humanos, com bebês indefesos e carentes de cuidados por tão mais tempo na vida que outros mamíferos, a resistência de uma ligação parental também se revela essencial à nossa sobrevivência.

25. Estatísticas de câncer de próstata do Montefiore Medical Center, 2005.

26. Robert Solomon, *About love* (Lanham, MD: Madison Books, 2001).

CAPÍTULO 2. Comemorar as diferenças

1. Stephen Mitchell, *Can love last? The fate of romance over time* (Nova York: W. W. Norton, 2002).

2. Eric Kandel, *In search of memory: the emergence of a new science of mind* (Nova York: W. W. Norton, 2006).

3. Mark Solms observa que Kandel demonstrou que há um processo de dois estágios relacionado à memória. Inicialmente a "memória de curto prazo parece envolver circuitos reverberantes – grupos de células interligadas disparando juntas em aberturas próximas (auto-rejuvenescedoras). Inicialmente, as mudanças celulares são apenas fisiológicas, visto que as sinapses ligando as células no circuito tornam-se mais 'permeáveis'. Isso, por sua vez, desencadeia um segundo e mais permanente processo anatômico. O disparo contínuo de células em certas junções ativa nas células mecanismos genéticos que promovem o crescimento de mais sinapses nessas junções." Mark Solms e Oliver Turnbull, *The brain and the inner world: an introduction to the neuroscience of subjective experience* (Nova York: Other Press, 2002).

4. Louis Cozolino, op.cit.; Joseph LeDoux, *Synaptic self: how our brains become who we are* (Nova York: Penguin Books, 2002); Mark Solms e Oliver Turnbull, op. cit.; e Susan Vaughan, *The talking cure: why traditional talking therapy offers a better chance for long-term relief than any drug* (Nova York: Henry Holt, 1997).

5. Como afirma o cientista e autor Thomas Lewis: "Num nível liliputiano, o cérebro é um complexo transdutor que transforma uma torrente de sensações recebidas em estruturas neurais evoluindo em silêncio". Thomas Lewis, Fari

Amini e Richard Lannon, *A general theory of love* (Nova York:Random House, 2000).

6. Joseph LeDoux, *The emotional brain* (Londres:Weidenfeld & Nicolson, 1996; Nova York: Other Press, 2002).

7. Salman Rushdie, *In good faith* (Nova York: Penguin, 1990).

8. Thomas Lewis, Fari Amini e Richard Lannon, op. cit.

9. Susan Vaughan escreve: "A psicoterapia intensiva funciona... permitindo que nossos padrões codificados ganhem vida com plena força pelo relacionamento com nossos terapeutas. O redespertar e a repetição da experiência dos padrões centrais dão-nos uma oportunidade de trabalhar de fato em nossos protótipos de eu e o outro, questionando uma a uma suas suposições ocultas sobre a realidade e, ao fazê-lo, neutralizá-as". Susan Vaughan, op. cit.

10. Um pensamento final em relação às mentes casadas e os cérebros em mutação: até recentemente, as teorias de aprendizado baseavam-se muitíssimo na idéia que o cérebro humano é mais suscetível à mudança e ao crescimento quando somos mais jovens. Há hoje muitos indícios de que essa suposição é incorreta. O cérebro em maturação é muito mais "plástico" do que se julgava antes, além de ter capacidades tremendas de aprendizado e mudança. Disso resulta que podemos continuar a remodelar os dilemas essenciais com os quais há muito lutamos durante toda a vida, até, em alguns aspectos especialmente, ao envelhecermos.

11. Trata-se de um mito que conta a história de Pigmalião, um escultor que abominava as mulheres e as enxergava como seres imperfeitos, cheios de defeitos. Certo dia, ele

esculpiu uma mulher tão linda, que apaixonou-se por ela. Passou então a venerar a estátua, desejando ardorosamente que ela fosse real. Pigmalião então orou a Vênus que, compadecida, deu a vida a estátua, chamando-a de Galatéia (N. do E.)

CAPÍTULO 3. Fazer sexo de verdade

1. Partes deste parágrafo e do seguinte de *The good father: on men, masculinity and life in the family*, Mark O'Connell (Nova York: Scribner, 2005).

2. Mark O'Connell "*The epidemic of meaningless teenage sex*", *Boston Globe*, 9 de março de 2005.

3. Joyce McDougall, *A plea for a measure of abnormality* (Nova York: International Universities Press, 1980).

4. Robert Stoller, *Porn: myths for the twentieth century* (New Haven: Yale University Press, 1991).

5. M. Parsons, "Sexuality and perversion a hundred years on", *International Journal of Psychoanalysis* 81 (2000): 37-52; J. Whitebook, *Pervesion and utopia* (Cambridge, MA: MIT Press, 1995); e J. Chasseguet-Smirgell, *Creativity and perversion* (Londres: Routledge, 1985).

6. O psicanalista James Herzog propôs um esquema experimental para as variedades de sentido psicológico encontradas no intercurso masculino. Os homens, observa Herzog, envolvem-se em intercurso determinado ("Sou homem, posso fazer"), intercurso interativo-recreativo (que enfatiza os "aspectos hedônicos e sociais do ato"), intercurso procriador (destinado a

fazer um bebê), intercurso parental-gênico (que une o desejo de fazer um bebê com a intenção de cuidar dele) e intercurso integrativo (que resulta num sentimento de unificação e integração de um cônjuge com o outro). James Herzog, *Father hunger* (Hillsdale, N.J.: Analytic Press, 2002).

7. Mark O'Connell, op. cit.

CAPÍTULO 4. Encontrar a liberdade pelo compromisso

1. Claro que viver bem não envolve aceitação passiva, envolve aceitar o que não se pode mudar e esforçar-se por mudar o que pode e precisa ser mudado.

2. O psicanalista americano Otto Kernberg escreve: "Um conjunto de valores pré-conscientemente adotado é de forma gradual mapeado, elaborado e modificado ao longo dos anos e proporciona uma função delimitadora para o casal em relação ao resto do mundo". Otto Kernberg, *Love relations: normality and pathology* (New Haven: Yale University Press, 1995).

3. Este parágrafo é extraído de um grande corpo de literatura, incluindo: D.W.Winnicott, "Mirror role of mother and family in child development", em *Playing and reality* (Harmondsworth, Inglaterra: Penguin Books, 1967/1980); T. B. Brazelton, E. Tronick, L. Adamson, A. Als, e S. Wise, "Early Mother-Infant Reciprocity", em "Parent-infant interaction", CIBA Foundation, Symposium 33 (Amsterdã: Elsevier, 1975); J. Herzog, "Early interaction and representation: the role of the father in early and later triangles and triads" (Stuttgart: Schottaur, 1998: 162-179); e James Herzog, op. cit.; D. Stern, *The interpersonal world of the in-*

fant (Nova York: Basic Books, 1985); K. Clarke-Stewart, "The father's contribution to children's cognitive and social development In early childhood", em *Father-infant relationship: observational studies in a family setting*, editado por F. A. Pedersen (Nova York: Holt, Rinehart & Winston, 1980); R. Corwyn e R. Bradley, "Determinants of paternal and maternal investment in children", *Infant mental health journal* 20 (1999): 238-256; D. Ehrensaft, *Parenting together: men and women sharing the care of children* (Nova York: Free Press, 1987); M. Lamb, "Mothers, fathers and child care in a changing world", em *Frontiers of infant psychiatry*, Vol. II, editado por J. Call, E. Galenson e R. Tyson (Nova York: Basic Books, 1984); e M. Yogman, "The father's role with preterm and fullterm infants", em *Frontiers of infant psychiatry*, Vol. II, editado por J. Call, E. Galenson e R. Tyson (Nova York: Basic Books, 1984).

4. S. Bem, "The Measurement of Psychological Androgyny", *Journal of consulting and clinical psychology* 42 (1974): 155-162.

5. Encontra-se uma útil analogia sobre a questão de altura. Os homens são, de modo geral, mais altos que as mulheres. O que não significa, porém, que todos os homens sejam mais altos que todas as mulheres, nem que não haja mulheres altas e homens baixos. Perdemos de vista essa verdade simples porque, desde que Eva foi feita da costela de Adão, pensamos em gênero como um jogo soma zero (o ganho é compensado por uma perda igual): se uma mulher tem alguma coisa quando um homem não tem, e vice-versa. Essa mentalidade de ganhar-perder, isso-ou-aquilo afeta tudo, desde a compreensão da inteligência, em que leves diferenças em pontuações de teste padronizado nos levam a concluir que uma mulher não pode ser o próximo Einstein (conclusão tão absurda

quanto a sugestão de que um homem jamais poderia ser a próxima Virginia Woolf), a campanhas políticas, em que se obriga os eleitores a escolher entre as caricaturas do caubói conservador ou o fraco liberal.

6. J. Raphael Leff, *Psychological processes of childbearing* (Londres: Chapman and Hall, 1991); e A. Samuels, "From sexual misconduct to social justice", *Psychoanalytic dialogues* 6 (1996): 295-322.

7. Um pensamento final, referente à renegociação mútua da masculinidade e feminilidade num relacionamento íntimo: o interessante é que, embora pensemos no tipo de flexibilidade acima mencionada como relativamente mais devido ao lado nutridor da série contínua natureza-nutrição, ela se encontra na biologia de nossa masculinidade e feminilidade. Pense nas mudanças que ocorrem em toda a duração de vida nos níveis de testosterona e estrogênio. Quando os homens envelhecem, seus níveis de testosterona caem. Enquanto isso, quando as mulheres envelhecem, seus níveis de testosterona de fato aumentam. (Em termos funcionais, os níveis de testosterona das mulheres aumentam não apenas quando a própria testosterona aumenta, mas também quando os níveis de estrogênio caem. Desse modo, à medida que as mulheres envelhecem, e os níveis de estrogênio caem, os níveis de testosterona de fato aumentam.) Por isso, os relacionamentos tendem a deslocar-se de um desequilíbrio biologicamente baseado na sexualidade e agressão (mais para homens que para mulheres no início) para uma distribuição mais igual de desejo sexual e agressão. Essa redistribuição às vezes é útil em promover o tipo de compromisso e tomada de decisão que ajudam os relacionamentos a durar.

8. Citado de Holly Brubach, *Vanity fair*, abril de 2005.

9. C. S. Carter, A. C. DeVries e L. L. Getz, "Physiological substrates of mammalian monogamy: the prairie vole model", *Neuroscience and behavioral reviews* 19, nº 2 (1995): 303–314; C. S. Carter, A. C. DeVries, S. E. Taymans, R. L. Roberts, J. R. Williams e L. L. Getz, "Peptides, steroids, and pair bonding", em *The integrative neurobiology of affiliation*, editado por C. S. Carter, I. I. Lederhendler e B. Kirkpatrick (*Annals of Nova York Academy of Science*, 807: 260-272. Nova York: Nova York Academy of Sciences, 1997); e L. J. Pitkow, C. A. Sharer, X. Ren, T. R. Insel, E. F. Terwilliger e L. J. Young, "Facilitation of affiliation and pair-bond formation by vasopressin receptor gene transfer into the ventral forebrain of a monogamous vole," *Journal of neuroscience* 21, nº 18 (2001): 7392–7396.

10. De Tom Smith, "American sexual behavior: trends, socio-demographic differences, and risk behavior", National Opinion Research Center, Universidade de Chicago. GSS Topical Report nº25. Atualizado em dezembro de 1998.

11. Peggy Vaughan, *The monogamy myth: a personal handbook for dealing with affairs* (Nova York: Newmarket Press, 2003).

12. Holly Brubach, *Vanity fair*, abril de 2005.

13. Agradecimentos a: Stephen Mitchell, *Relational concepts in psychoanalysis* (Cambridge, MA: Harvard University Press, 1988).

14. Adam Phillips, *Darwin's worms: on life stories and death stories* (Nova York: Basic Books, 2001).

15. Alguns afirmam que apaixonar-se repetidas vezes seria como

o Dia da Marmota [festa tradicional nos Estados Unidos e no Canadá, que se celebra no dia 2 de fevereiro]: sempre nos rebelaríamos contra os mesmos conflitos e limitações. Isso não é exatamente correto. Até certo ponto, seríamos "os mesmos com qualquer pessoa" (como muitas vezes dizem os amantes ressentidos um ao outro como um meio de desviar a culpa), mas amantes diferentes também exporiam diferentes aspectos de nossos conflitos, diferentes partes de nós mesmos. Em relacionamentos com as pessoas diferentes, somos, por conseguinte, ao mesmo tempo os mesmos e diferentes.

CAPÍTULO 5. Acreditar em algo mais importante que vocês mesmos

1. Agradecimentos a Ned Hallowell, *Connect: 12 vital ties that open your heart, lengthen your life, and deepen your soul* (Nova York: Pocket Books, 2001).

2. Tom Brokaw, *The greatest generation* (Nova York: Random House, 2001).

3. Agradecimentos a Philippe Ariès, *Western attitudes toward death* (Baltimore: Johns Hopkins University Press, 1974). Citado por Patrick Hutton em Patrick Hutton, "Of Death and Destiny: The Ariès-Vovelle Debate About the History of Mourning", em *Symbolic loss: the ambiguity of mourning and memory at century's end*, editado por P. Homans (Charlottesville e Londres: University Press of Virginia, 2000).

4. Heinz Kohut, *The restoration of the self* (Nova York: International Universities Press, 1977).

5. Erik Erikson, *Identity and the life cycle* (Nova York: W. W. Norton, 1994).

CAPÍTULO 6. Abandonar hábitos e vícios

1. De, entre outros, Paul Chance, *Learning and behavior* (5ª edição) (Toronto:Thomson–Wadsworth, 2003).

2. Daniel Gilbert, um líder no florescente campo de pesquisa da felicidade, observa que nós, seres humanos, somos surpreendentemente ruins em fazermo-nos sentir bem. Cometemos os mesmos erros repetidas vezes porque tendemos a superestimar o prazer que trarão certas recompensas, em geral fugazes. Daniel Gilbert, *Stumbling on happiness* (Toronto: Knopf, 2006).

3. Modelos mais modernos de psicanálise concentram-se mais no poder transformador de um relacionamento mútuo que no poder interpretativo de um psicanalista supostamente objetivo.

4. Originalmente falado por Marlon Brando em *Sindicato de ladrões* e adotado pelo psicanalista Steven Cooper como um lema para nossa cultura de ambição e ressentimento.

5. Conferência de Kohut.

CAPÍTULO 7. Perdoar e agradecer

1. Obrigado a Edward Hallowell, *Dare to forgive* (Deerfield Beach, FL: Health Communications Inc., 2004).

2. Wendy Kaminer, *I'm dysfunctional, you're dysfunctional: the recovery movement and other self-help fashions* (Nova York:Vintage Books, 1992).

3. Alguns que escrevem sobre a importância de perdoar afirmam que a intenção do perdão é não perdoar o crime de fato, mas livrar-se do ódio. Robert Enright e Joanna North, *Exploring forgiveness* (Madison: University of Wisconsin Press, 1998).

4. Este parágrafo é de Mark O'Connell, *The good father: on men, masculinity and life in the family* (Nova York: Scribner, 2005).

5. Obrigado a Philippe Ariès, *Western attitudes toward death* (Baltimore: Johns Hopkins University Press, 1974). Citado por Patrick Hutton em Patrick Hutton, "Of Death and Destiny: The Ariès-Vovelle Debate About the History of Mourning", em *Symbolic loss: the ambiguity of mourning and memory at century's end*, editado por P. Homans (Charlottesville e Londres: University Press of Virginia, 2000).

6. A microbióloga Ursula Goodenough escreve no livro *The sacred depths of nature*: "O sexo sem a morte resulta apenas em algas e fungos unicelulares... A morte é o preço pago para termos árvores, moluscos, pássaros e gafanhotos, e a morte é o preço pago para termos consciência humana, para nos darmos conta de toda essa consciência tremeluzente e todo esse amor". Ursula Goodenough, *The sacred depths of nature* (Nova York e Oxford: Oxford University Press, 2000).

7. "Que o Senhor me conceda a força para mudar as coisas que posso, a capacidade de aceitar as coisas que não posso e a sabedoria para saber a diferença entre as duas."

8. Henri Nouwen, *Life of the beloved* (Nova York: Crossroad Publishing Company, 1992).

CAPÍTULO 8. Brincar

1. O psicanalista britânico Michael Parsons escreve: "a brincadeira depende de uma área específica da imaginação onde tudo pode ser real e não real ao mesmo tempo". Michael Parsons, *The dove that returns, the dove that vanishes: paradox and creativity in psychoanalysis* (Londres e Filadélfia: Routledge, 2000).

2. "Brincar." Obrigado, entre outros, a Gregory Bateson, *A theory of play and fantasy, steps to an ecology of mind* (Nova York: Chandler, 1972); Steven Cooper, *Objects of hope: essays on the limited possible* (Hillsdale, N.J.: Analytic Press, 2000); Clifford Geertz, *The interpretation of cultures* (Nova York: Basic Books, 1973); James Herzog, *Father hunger* (Hillsdale, N.J.: Analytic Press, 2002); Stephen Mitchell, *Influence and autonomy in psychoanalysis* (Hillsdale, N.J.: Analytic Press, 1997); Michael Parsons, *The dove that returns, the dove that vanishes* (Londres: Routledge, 2000); Adam Phillips, *On kissing, tickling, and being bored* (Cambridge, MA.: Harvard University Press, 1993); and D. W. Winnicott, "Mirror Role of Mother and Family in Child Development", em *Playing and reality* (Harmondsworth, England: Penguin Books, 1967/1980).

3. Aspectos da história de Gerry e Emma publicados pela primeira vez em: J. Herzog e M. O'Connell, "Children are being murdered: how do people live and play in the aftermath of atrocity?" Publicado em Children, war and persecution: rebuilding hope (Atas da Conferência sobre os Efeitos da Guerra e Perseguição a Crianças em Moputo, Moçambique, 1º a 4 de dezembro de 1996).

4. Aqui como em outro lugar, a biologia oferece útil acesso a um dos nossos fenômenos mais visivelmente poéticos.

Embora os sistemas de desejo sexual, atração e ligação sentimental pareçam um tanto seqüenciais, com os dois primeiros dominando no início dos primeiros meses da paixão e a última nos anos que se seguem, esses sistemas também são competitivos e complementares. O fato de termos chegado aos oitenta anos não impede o aumento dos níveis de testosterona em reação a beijo afetuoso nem impede a dopamina de infundir nosso núcleo caudal quando tomamos a mão do amado numa noite enluarada. E, em conseqüência, deduz-se que, mesmo no mundo não sentimental de química e fisiologia, há espaço para um pouco de romance.

5. O psicanalista americano Otto Kernberg observa que os relacionamentos íntimos são essa rara ocasião em que o tempo "não age de forma destrutiva". Kernberg observa em seguida que os relacionamentos íntimos permitem "o reparo de conflitos antigos no cadinho da intimidade partilhada". Otto Kernberg, *Love relations: normality and pathology* (New Haven:Yale University Press, 1995).

6. Clifford Geertz, que descreveu como a briga de galos entre os balineses servia para expressar a agressão de um modo que mais promovia e preservava do que rompia a ordem social, oferece uma base conceitual para essa idéia com a noção de "brincadeira profunda". Clifford Geertz, *A interpretação de culturas* (Nova York: Basic Books, 1973).

7. Michael Parsons, *The dove that returns, the dove that vanishes: paradox and creativity in psychoanalysis*.

8. Laura Kipnis, *Against love: a polemic* (Nova York: Pantheon Books, 2003).

Conclusão: Tornar-se pleno juntos: "Eu existo porque nós existimos"

1. Muitos teoristas e clínicos avançaram nossa compreensão de dissociação e a multiplicidade do eu. Sou grato, sobretudo, a Philip Bromberg e Richard Schwartz. Philip Bromberg, *Awakening the dreamer* (Mahwah, N.J.: Analytic Press, 2006); Richard Schwartz, *Internal family systems therapy* (Nova York: Guilford Press, New Edition, 1997).

2. Wislawa Szymborska, *View with a grain of sand: selected poems* (Nova York: Harvest Books, 1995).

3. Agradeço a Philip Bromberg por me pôr a par do poema de Szymborska e por suas contribuições ao entendimento de dissociação e a multiplicidade de eus. Philip Bromberg, *Awakening the dreamer.*

4. "Ubuntu": obrigado à psicóloga Lizzie McEnany por me tornar conhecedor desta palavra.

5. O Dr. Robinson observa: "Com a antiga Grécia, obtemos a primeira evidência de uma perspectiva completamente autocrítica sobre as alegações de conhecimento básico de alguém. Encontramos no mundo grego antigo, e no mundo de idéias dos gregos antigos, a primeira evidência de um povo reconhecendo de fato suas mais profundas convicções, sentimentos, como temas de avaliação e estudo crítico". Ele cita como exemplo a famosa inscrição no templo em Delfos, dedicado a Apolo: "Conheça-te a ti mesmo". Daniel Robinson, Georgetown University, fita de áudio.

AGRADECIMENTOS

Acima de tudo, quero agradecer a Karen Murgolo e Paul Bresnick.

Karen Murgolo, minha editora, deu-me a oportunidade de dizer uma coisa que há muito desejava dizer. Só por isso, sou-lhe imensamente grato. Ela também me ensinou, pela amável e persistente tutela, a melhorar numa das tarefas mais críticas de escrever: a de alcançar clareza e acessibilidade sem sacrificar a reflexão.

Paul Bresnick, meu agente literário, deu-me um dos maiores presentes que uma pessoa pode dar a outra: a oportunidade de ser ouvido. Sem a inteligência, persistência, decência e sabedoria dele, desconfio que jamais teria publicado um livro, muito menos dois. E, por isso, jamais teria tido umas das maiores satisfações de minha meia-idade.

Também quero expressar profunda gratidão a Jamie Raab, editor da Grand Central Publishing; Emi Battalia, editora associada da Grand Central Publishing; Tom Hardej, assistente editorial; Diane Luger, diretora de arte; Matthew Ballast, diretor executivo de publicidade; e Melissa Bullock, também da publicidade. Com a equipe que reuniu este livro foi, do início ao fim, uma absoluta alegria trabalhar.

Por fim, este é um livro sobre como parceiros conjugais podem mudar um ao outro para melhor. Mas também é um livro baseado numa crença muito mais abrangente – somos mudados por todos os nossos relacionamentos mais íntimos, conjugais ou não. Somos quem somos em conseqüência de todos os relacionamentos importantes, passados e presentes. Tive a boa sorte de ter sido feito por muitas pessoas maravilhosas; pelo meu trabalho, amizades e, acima de tudo, minha família. Sou grato a todos eles.

Este livro foi impresso pela Prol Editora Gráfica
para a Editora Prumo Ltda.